学校体育教学理论与实践训练研究

张萍 朱洋志 张磊 著

延边大学出版社

图书在版编目（CIP）数据

学校体育教学理论与实践训练研究 / 张萍，朱洋志，张磊著. -- 延吉 ：延边大学出版社，2022.8
　　ISBN 978-7-230-03694-8

　　Ⅰ. ①学… Ⅱ. ①张… ②朱… ③张… Ⅲ. ①体育教学－教学研究 Ⅳ. ①G807.01

中国版本图书馆CIP数据核字(2022)第151870号

学校体育教学理论与实践训练研究

著　　者：张　萍　朱洋志　张　磊
责任编辑：孟祥鹏
封面设计：李金艳
出版发行：北京人文在线文化艺术有限公司
社　　址：吉林省延吉市公园路977号　　　邮　　编：133002
网　　址：http://www.ydcbs.com　　　E-mail：ydcbs@ydcbs.com
电　　话：0433-2732435　　　传　　真：0433-2732434
印　　刷：三河市龙大印装有限公司
开　　本：710×1000　1/16
印　　张：13
字　　数：200 千字
版　　次：2023 年 1 月 第 1 版
印　　次：2023 年 1 月 第 1 次印刷
书　　号：ISBN 978-7-230-03694-8

定价：68.00元

前　　言

随着人类社会的不断发展，体育教学经历了一个不断充实、完善的过程，现代体育教学逐渐发展成科学的教学、全面的教学，培养德智体美劳全面发展人才的教学。如今体育教学越来越受到人们的重视，在社会中发挥着越来越重要的作用，各国先后对体育教学的内容、教材和教法展开了探索。

近年来，随着体育教学改革的不断深入，体育教学理论的研究和探索日益活跃，有关体育教学论的著作也越来越多，这是体育教学理论研究和教材建设繁荣兴旺的表现，也是体育学科越来越科学化的象征。

本书从理论和实践两方面对学校体育教学进行了论述，第一到第四章主要论述了体育教学理论，涉及体育教学研究、体育教学原则、体育教学方法和体育教学模式。第五到第七章主要从足球、羽毛球、武术三个运动项目入手，论述了体育教学实践。理论与实践的结合既能有效指导体育教师教学，又能使学生对体育运动实践有更深的理解。

在撰写本书的过程中，笔者借鉴了许多前辈的研究成果，在此表示衷心的感谢。由于笔者时间和精力有限，书中难免有不足之处，望广大读者批评指正。

笔者
2022 年 6 月

目 录

第一章 体育教学研究 1

    第一节 体育教学研究概述 1

    第二节 体育教学和体育教学研究的目的 8

    第三节 体育教学研究的条件 15

    第四节 体育教学研究的方法 21

第二章 体育教学原则 33

    第一节 体育教学原则概述 33

    第二节 我国体育教学原则的发展历史和方向 39

    第三节 当前我国基本的体育教学原则 46

第三章 体育教学方法 57

    第一节 体育教学方法概述 57

    第二节 体育教学的基本方法 63

    第三节 体育教学方法的选择与应用 78

    第四节 体育教学方法改革的特点与发展趋势 82

第四章 体育教学模式 87

    第一节 体育教学模式概述 88

第二节　当代常见的体育教学模式 92
　　第三节　体育教学模式的发展趋势 97

第五章　学校体育实践指导——足球 100
　　第一节　足球运动技术指导 100
　　第二节　足球运动战术指导 121

第六章　学校体育实践指导——羽毛球 139
　　第一节　羽毛球运动技术指导 140
　　第二节　羽毛球运动战术指导 155

第七章　武术教学方法 167
　　第一节　常规武术教学方法分析 167
　　第二节　武术教学中对学生记忆能力的培养 182
　　第三节　武术教学中心理训练的运用 189

参考文献 201

第一章 体育教学研究

目前,全面实施素质教育,促进学生健康成长,是摆在我们面前的一项艰巨的任务。体育教学作为学生健康教育的重要内容,受到广泛的关注,有关体育教学的研究也越来越受到重视。体育教学研究是提高体育教师教学能力和教学质量必不可少的工作,在体育教学过程中发挥着非常重要的作用。

第一节 体育教学研究概述

没有研究就没有创新,没有创新就没有体育教育事业的发展。体育教学研究是提高体育教学质量、完善体育教学方法和策略的主要手段。放弃对体育教学的研究,体育教学将失去进步的动力和条件。

一、体育教学研究的概念

体育教学研究,即借助科学的研究方法、研究手段,针对体育教学的现状和存在的问题,不断地完善体育教学的方法和手段,从而提高教学质量,借此向更多的体育爱好者和研究者揭示体育教学现象的本质及一般规律的一项具有研究意义的工作。

体育教学研究的根本目的是提高体育教学质量，不断地完善当今体育教学的理论知识。从对当前学校教育中体育教学的调查和研究来看，受应试教育的影响，一些学校忽视了体育教学的重要性，没有健全的体育教学理论知识，对体育教学的认识不足。随着素质教育的全面实施，各学校都应该加强对体育教学的研究，不断完善体育教学的理论知识，提高体育教学质量，从而提高学生的身体健康水平。

提高体育教学质量的根本途径是解决体育教学实践中出现的一系列问题，因此可以将体育教学研究的对象定义为"体育教学实践中存在的影响体育教学质量的问题"，而不是体育教学中的一些理论问题。这主要是因为体育教学以教学实践为主体，体育教学中的理论知识只是实践教学的辅助，而体育教学实践是体育教学的最终表现形式。因此，要想不断地提高体育教学的质量，体育教学研究者应该对体育教学实践进行调研，从中找出存在的问题，然后根据这些问题对体育教学进行有针对性的研究。

体育教学研究是一项较为特殊的研究，其研究的对象是"体育教学实践中存在的影响体育教学质量的问题"。因此，体育教学研究方法的选择也应该从体育教学的实际和本质出发，采用科学研究和教育实践研究相结合的方法，即从科学的角度分析体育教学实践中阻碍教育质量提高的主要原因，然后借助体育教学实践对这些分析结果以及分析的过程进行验证，这样才能联系实际解决体育教学中存在的问题，不断提高体育教学的质量。

随着国家对青少年健康教育重视程度的不断提高，对学生进行健康教育是每一个学校必备的课程。对于体育教学的研究者而言，只有清楚体育教学现象的本质，了解体育教学规律，才能将提高体育教学质量落到实处。

二、体育教学研究的意义

通过对众多学校的学生和教师的调查发现，目前有一些学生和教师认为体育教学是一个没有任何实质意义的学科。但是从培养学生的角度来看，体育教学是不容忽视的，在体育课上，教师可以采用形式多样的教学方式，借助各种有利于学生成长的体育活动，使学生加强身体锻炼，在活动中潜移默化地提高学生的心理素质、沟通交际能力等，这有利于学生的身心成长和发展。笔者对学校体育教学进行了多年研究，现将体育教学研究的意义总结如下。

（一）体育教学研究可以促进体育教学理论的发展

体育学科正式成为我国教育行业中的一门独立学科的时间还比较短，较其他学科而言，体育无论是在教学理论还是在教学实践方面，都有待进一步的发展。在当今体育教学的发展过程中，人们对体育教学的研究主要是通过一些运动、锻炼等活动进行的。但是体育作为一门独立的学科，与运动、锻炼等活动在目的、内容、性质、意义等方面都存在很大的差别。因此，我国之前在体育教学过程中使用的理论和实施的方式和方法并不能真正满足当前社会对体育教学的根本要求。因此，为了更好地保证体育教学的实施，提升体育教学质量，我们应该从当前体育教学的实际情况出发，从体育教学的特殊性出发，结合学生成长的特点，对体育教学进行深入的研究和分析，制定出一套符合体育教学规律的理论和方法，指导体育教师进行教学。

（二）体育教学研究有利于体育教学的改革和发展

近年来，改革成为我国教育事业面临的一个重要课题，在教育改革政策和方针的约束、指引下，各个学段、各个学科的教学改革正在紧张地进行中，体育教学改革也如火如荼地进行着。但是，我国体育教学改革一直面临着以下几个方面的问题：第一，目前关于体育教学的理论研究不充分，无法把握体育教学改革的方向；第二，缺乏对体育教学方法的研究，有利于提高体育教学质量的教学手段和方法尚未出现，无法保证体育教学改革的进一步实施；第三，缺乏对当前情况下体育教学改革过程中涉及的新理论和教学方法的可行性分析，无法衡量体育教学改革政策的适用程度。以上三个问题严重制约了我国体育教学和教学课程改革的发展。因此，科学的体育教学研究有利于正确把握我国体育教学事业的发展方向，推动我国体育教学的改革和发展。

（三）体育教学研究有助于体育教师教学能力的提高

随着社会的发展进步，信息更新速度不断加快，教学质量也在进一步提高，社会对教师的教学能力和知识储备的要求也在不断提高，因此教学与研究互相渗透已经成为提高教学质量、完善教师自身素质的必由之路。体育教学研究能够提高体育教师的教学能力，可从以下几个方面进行分析：第一，能够提高体育教师的教学设计能力。体育教师在研究体育教学的过程中，会增强"问题意识"，能更加清晰明了地拓宽体育教学设计的思路，完善体育教学的方法。第二，能够不断地激发体育教师的创造性。体育教师在进行体育教学研究的时候，所接触到的体育教学方面的知识也更加直观、全面，认识到的教学实践也更加客观和深入。第三，能够帮助体育教师获得更多的新知识，不断地拓宽其知识面。第四，能够促进教师之间的交流和合作，更好地促进体育教学知识和教学实践经验的增长。因此，体育教学研究有助于体育教师教学能力的提高。

三、体育教学层次的研究

按照体育教学研究的内容进行层次的划分，不仅有利于教学研究的有效进行，而且有利于开展全面、深入的研究。

（一）描述现象层次的研究

描述现象层次的研究虽然是体育教学研究中最基础的工作，但也是最重要的工作。目前，我国体育教学事业较国外发达国家有着明显的差距，体育教学研究者只有清楚这些差距，并找出产生这些差距的根本原因，才能有针对性地进行教学改革，使教学研究更具现实针对性。但是，目前我国体育教学中存在对一些教育事实和现象认识不足的问题，主要原因是我国体育教学研究者缺乏对体育教学现状的细致而准确的描述。因此，在进行这一层次的研究时，首先应该保证研究的客观、准确、全面性，这样才能获取体育教学各个层次的可靠信息，才能为体育教学的继续研究提供充足的信息。

（二）对描述现象进行解释和归因层次的研究

所谓对描述现象进行解释和归因层次的研究，其实就是在描述现象层次研究的基础上，结合体育教学的特点对所描述的现象进行认真的综合分析，研究出阻碍体育教学质量提高的原因。解释的主要意义在于帮助人们理解体育教学各现象之间的联系，归因的主要任务就是阐述这些现象产生的实际原因。这一研究属于体育教学研究的中级层次，但是，目前我国很多体育教学研究者对这一现象的研究不深入、不全面，主要是因为在进行这一层次的研究时，分析角度不够全面，分析问题的方法不科学。对于体育教学研究而言，要想不断地提高体育教学质量，就应该对目前体育教学中存在的现象进行正确、深刻的分析和归纳，这样才能正确地揭示体育教学中一些阻碍教学实施的现象，从中得到正确的因果关系。

（三）实证层次的研究

通过对体育教学研究层次中第二层次的研究，人们可以清楚地把握目前体育教学现象的因果关系，因此实证层次的研究实际上就是对第二层次所获得的因果关系进行实证研究，其主要目的是验证第二层次中所研究的因果关系能否在真实的体育教学环境中发生。实证层次的研究是体育教学研究中的中心环节，研究者在这个环节中可以获得最可信的研究结果。实证层次研究的主要方法是实验法。但是由于体育教学研究面临很多不确定的因素，具有很强的社会性，在研究的过程中不可能像一般的实验研究那样拥有很多的可控制因素，因此在进行实证研究的过程中，应该精心地进行命题的假设和推理，全面地设计实验，在对实验结果进行仔细分析的基础上，对实验所得出的结论进行恰当的总结和分析。

（四）理论和外推层次的研究

我国体育教学研究之所以未能得到进一步的发展，一方面是因为我国对体育教学研究的关注度不高，另一方面是因为从事体育教学研究的人员没有对从研究中得到的体育教学规律作出概括性的总结，也没有将这一理论进行及时的推广并将其应用在体育实践教学之中。对于体育教学研究而言，在对所研究的体育教学规律进行实证之后，就应该将其概括总结为理论知识，因此理论研究的主要目的就是说明体育实证层次研究中所得到的因果关系或体育教学规律的发生条件和原则。再加上目前我国体育教学中缺乏理论方面的创新，因此这一环节对于体育教学质量的提高很重要。外推的本质意义就是将所得的理论知识应用于实践教学之中，所以在进行理论和外推层次的研究中，最重要的就是对理论知识进行高度概括，并找出合适的外推手段。

四、体育教学研究的特点

众所周知，体育教学与其他学科教学有着很大的区别，因此，体育教学研究也不同于其他学科的科学研究和教育理论研究。体育教学研究的主要特点是学理性、实践性和复杂性。

（一）体育教学研究的学理性

体育教学以传递与体育相关的知识和技能为目的，其方方面面都是围绕着教与学进行的，无论是教师教授的过程还是学生接受学习的过程，都必须遵守教学的规律。因此，体育教学研究也应该和其他学科的教学研究一样，归根到底都是学理性的研究，如果体育教学不具有这一特点，那么教学就无法科学、有效地进行。

（二）体育教学研究的实践性

体育教学的很多理论都是在实践的基础上产生的，并且在实践中得到验证，这能够使体育教学理论在实践中不断丰富和发展。因此，教学研究也应该围绕着教学实践进行，这样才能使体育教学研究成为真正有意义的研究。换言之，如果体育教学研究脱离了教学实践，那么将失去研究的意义。

（三）体育教学研究的复杂性

体育教学活动是由多种因素和变量组成的，但是这些变量之间并不是孤立存在的，每一个变量都与其他的变量相互制约。开展教学研究的根本目的，就是将这些变量之间相互作用的复杂关系展现出来。研究发现，体育教学变量主要由三类组成：一是环境变量，主要表现为课堂环境对学习效果的影响；二是过程变量，是指师生的课堂行为、知识特点等对学习效果的影响；三是结果变量，是指教师所期望的以及教师拟订教学活动计划所依据的、可用有效的教学目标和标准加以衡量的教育成果。

第二节 体育教学和体育教学研究的目的

目前，我国体育教学仍存在一些问题，这些问题制约了我国体育教学事业的不断进步。如何提高体育教学的质量？如何提高体育教师队伍的整体素质？如何根据社会需求对体育教学进行改革？这些成为优化体育教学应该面对的问题。

一、体育教学中存在的问题

从目前我国体育教学的发展情况来看，体育教学中仍然存在很多亟待解决的问题，这些问题一方面严重制约了体育教学实践的进步和发展，另一方面降低了学生对体育教学的参与热情。体育教学中存在的问题主要表现在以下几个方面。

（一）体育教学理论研究不充分

受素质教育的影响，为了全方面培养新时期所需要的人才，我国对体育教学的重视程度越来越高，但是受传统教学观念的影响，体育教学虽然一直贯穿学校教育的始终，但并未受到足够的重视。这也直接导致我国体育教学中存在教学理论研究不充分的问题。对于体育教学而言，教学理论研究不充分，一方面导致体育教学没有统一的标准，体育教师在对学生进行实践教学的时候，没有充分的理论指导；另一方面，使体育教师缺少了提升自身专业知识和教学技能的支持，没有办法不断地充实自己的专业知识储备，严重制约了知识技能的完善。

（二）缺乏学理研究和方法研究

体育教学研究不同于真正意义上的科学研究，也不同于单纯的教育理论的研究。由于体育教学具有复杂性和实践性等特点，因此在体育教学研究过程中要注重对其中涉及的一些变量进行研究，以保证体育教学更加符合教学实际和学生的成长特点。由于体育教学中缺乏对教学方法和学理的研究，因此体育教师对在教学过程中遇到的一些突发事件有时会处理不当。这样的体育教学不仅不利于学生的健康成长，不利于教学目标的实现，还会削弱学生参与体育锻炼的积极性，不利于体育教学的持续发展。

（三）简单照搬其他理论，缺乏可行性分析

体育教学与其他学科教学最大的区别就是，体育教学更加注重教学的实践性。不同国家、不同学年段的学生所需要的体育教学的内容和方法有所不同。有的学校和教师在进行体育教学的时候，照搬其他国家或学校的理论，未对这些理论进行可行性研究和分析，没有根据实际情况对借鉴的外来理论知识和方

法技巧进行筛选整合，没有验证教学方法的可行性，最终导致在体育教学这条路上与社会的要求渐行渐远，影响了我国体育教学的发展。

二、体育教学的目的

众所周知，体育教学是学校教育的重要组成部分，而学校所开展的体育教学又是体育终身教学的前提和基础，是使广大青少年体魄强健的重要课程。因此，体育教学质量在一定程度上影响着国家和民族的生命力；不仅如此，体育教学质量也是社会文明进步的衡量标志。作为一名体育教师，必须明确体育教学的目的，强化学生对体育教学重要性的认识，培养学生参加体育锻炼的积极性。我国开展体育教学有以下几个方面的目的。

（一）提高青少年的综合素质

改革开放以来，我国的体育教学工作得到了蓬勃的发展，青少年的身体素质和生长发育状况也在不断改善。但是，也必须注意到，受传统应试教育的影响，目前我国一些学校存在重智育、轻体育的现象，这既加大了学生的学业负担，也剥夺了学生休息和体育锻炼的时间，进而导致我国部分青少年的体质状况不容乐观，出现肺活量降低、肥胖、近视、意志力薄弱等问题。因此，我国应该积极开展体育教学，以增强青少年的体质，提高其综合素质。

（二）提高学生对体育锻炼重要性的认识

学生在体育锻炼的过程中，能够不断地提高自身的综合素质，获取基本的交际能力，提高对社会的认同感，从而理解并认识到体育锻炼的重要性。这样学生才能积极地学习体育知识，主动参与体育活动。与此同时，学生提高对体育教学重要性的认识，能够发挥体育锻炼的主观能动性，产生健康向上的活力，进而有利于提高整个国家的生命力，推动我国体育教育事业的不断进步。

三、体育教学对体育教师的要求

体育教师是体育教学活动的组织者和指挥者，是体育教学活动的主体，体育教师能力和水平的高低直接关系到体育教学质量的好坏。因此，要想不断提高我国体育教学的质量，就应该提高我国体育教师的知识水平和能力。经过对体育教学活动的调查和研究可知，体育教学对教师有以下几个方面的要求。

（一）具有丰富的体育教学知识和较高的教学水平

学生是教学活动的客体，在教学活动中扮演着接受者的角色，所以体育教师的专业知识和教学水平直接影响着学生的学习效果，影响着教学的质量。为了不断提高我国体育教学的质量，积极响应新课改的要求，体育教师应具有丰富的专业理论知识和较高的教学活动的组织和策划能力，这样才能从根本上优化体育教学活动。

（二）能够充分调动学生的学习积极性

体育是一门充满活力和创造性的学科，具有很高的灵活性和趣味性，能够帮助学生在锻炼中获得一些必需的知识和技能。虽然体育教学相对于其他学科教学而言具有更多的趣味性，但是一些青少年并不愿意参加体育活动，这主要是因为体育教师在教学过程中没有重视对学生的引导，没有根据学生的特点和爱好充分调动学生的积极性。作为一名体育教师，首先应该具备选择教学方法的能力，应根据学生的兴趣、特点，策划一些有意义的体育活动，逐渐激发学生对体育运动的兴趣。

四、体育教学研究的目的

根据以上对体育教学中存在的问题、开展体育教学的目的的分析以及当前体育教学对教师的要求可知，我国体育教学正处于积极探索、不断寻求进步的阶段，这也在一定程度上说明我国体育教学还相对落后。出现这种情况的原因在于，我国缺乏对体育教学的深入研究，没有开发出一套适合我国国情和学生特点的体育教学理论和方法。因此，开展体育教学研究成为提高我国体育教学质量的重要途径。体育教学研究的目的主要表现在以下几个方面。

（一）提高我国体育教学理论水平

体育教学虽然在我国已经有一百多年的历史，但是相对于其他学科教学，起步的时间较晚，再加上受到传统教育观念的影响，一些学校忽略体育教学，导致我国体育教学在理论上存在很大的不足。

我国的体育教学理论一方面沿袭了传统的体育教学理论，另一方面借鉴了其他国家的体育教学理论。但是，随着时代的发展，沿袭而来的体育教学理论已经不适应现在的教学要求；由于所适用的学生群体不同，借鉴的其他国家的体育教学理论与实际教学存在很大的矛盾。开展体育教学研究，能够在充分了解当前体育教学不足的基础上，对这些问题和不足进行深入的分析和研究，找出传统体育教学理论需要补充和修改的内容；再根据我国青少年成长的特点，将由国外借鉴而来的体育教学理论与经过修正的传统的体育教学理论进行科学的融合，这样才能完善我国的体育教学理论，提高我国体育教学理论水平。

（二）对体育教学进行改革

随着素质教育的不断推行，各类学科都在根据社会的需求进行教学改革，体育教学改革也受到了很多的关注，但是体育教学改革一直面临着理论研究不充分的问题。由于对体育教学的研究不足，体育教学改革无法为体育教学活动带去更多的有利因素，也无法提高体育教学的质量。体育教学研究应结合学生的特点、社会的需求、社会的发展趋势等进行，奠定体育教学的改革方向，不断优化体育教学方法，并运用假设和实验的方法对所获得的新教学方法进行可行性分析和研究，这样才能有针对性地改革体育教学。

（三）提高体育教师能力

随着社会的不断进步，任何学科对教师的能力要求都在不断提高。从教师的职业发展来看，教师是一个需要终身学习的职业，要随着社会的变化不断更新自己的专业知识和技能。目前，教学与研究相结合成为教师提高自身知识水平和教学能力，提高教学质量的必经之路。对于体育教师而言，他们在体育教学研究的过程中，能够发现和学到更多有关体育教学的知识；在不断发现问题和解决问题的过程中，能够获得有关体育教学的新知识，对体育教学实践的认识也更加全面、深入、客观；在不断研究过程中，还能对所研究的问题进行总结，从而产生在体育教学方面的创造性。同时，体育教学研究能够促进体育教师之间的交流和互动，提升体育教师队伍的整体水平。

（四）规范体育教学流程

体育教学研究，实际上就是对体育教学过程中涉及的各种教学因素以及教学规律所进行的研究。任何一种教学活动都要经历从起步到成熟、从适应到规范的过程，再加上体育教学本身具有的不确定因素，因此其教学过程难免会受到一些不良因素的干扰,最终可能导致教学失败。教学实践和教学过程的规范性实际上是相辅相成的,教学流程在教学过程中起到指导性的作用,同时教学过程也在实际行进中影响着教学流程,使其不断完善和规范。开展体育教学研究的目的之一,就是通过对教学过程的监督和分析,找出教学流程中导致教学效果不理想的因素,然后对其进行优化,不断地规范体育教学流程。

(五)提升我国体育教学研究团队的整体水平

优秀的体育教学研究团队,需要在不断的研究、突破、创新中提高整体能力,如果一个团队缺少对本职业的研究,那么这个团队的整体水平会下降,同时也将失去竞争力。在日新月异的今天,各国之间的教育、经济等都趋于透明的状态,即使是同一个地区或是同一学校的体育教学之间也存在竞争的关系,在这种竞争逐渐激烈的市场环境中,如何不断地突破自己,提升整个团队的科研水平,提升体育教学研究者的专业能力,是每一位体育教学工作者应该面对的问题。教育工作者从事体育教学研究,可以在不断的研究过程中,提升自己的专业知识水平,优化自己的专业技能,增强自己在体育教学方面的能力,从而助推我国体育教学研究团队整体水平的提高,提升我国的体育教学质量。

通过上述对体育教学目的及其研究目的的介绍,我们可以看出,随着体育教学地位的逐渐提高,教学研究已经成为当前体育教学过程中的新课题,也是体育教学工作者必须面对和探讨的课题,每一位体育教学工作者都应该积极地参与体育教学研究的工作中,不断地发现体育教学过程中的问题,创新自己的思路,以保证体育教学质量的不断提高。

第三节 体育教学研究的条件

一、明确体育教学研究的思想和目标

体育教学研究是一项有意识、有计划、有组织的研究性活动，一切的体育教学类的研究活动都离不开对体育教学价值的判断和思考。明确体育教学研究的思想和目标，从研究意义上说，就是把握体育教学研究的方向，在研究的过程中极力发掘任何有利于体育教学发展的理论和方法。体育教学研究的思想是指导体育教学研究者行动的主要依据，缺少体育教学研究的思想就无法顺利实现体育教学研究的目标。特别是在我国倡导教学改革的关键时期，只有明确研究目标、坚定研究思想，才能将体育教学研究的目的落到实处，才能不断提高我国体育教学的质量。要明确体育教学研究的思想和目标，需要清楚以下内容。

（一）体育学科的功能与价值

体育学科的功能和价值是确定体育研究目标的前提条件，也是从事体育研究所必须掌握的条件，二者缺一不可。体育学科的功能与价值明确了体育教学在学校教育中的重要作用，为体育教学研究提供目标的参考和研究方向的借鉴。

（二）体育教学研究的指导思想

体育学科之所以能够上升到一门研究性学科，主要是因为我国已经认识到体育教学在学生成长和发展中的重要作用。体育教学研究的指导思想是保证体

育教学研究顺利进行的前提条件，只有明确体育教学研究的指导思想，才能保证体育教学研究有条不紊地进行。

（三）体育教学研究的目标

体育教学研究目标是体育教学研究的指导，它为体育教学研究指明了方向，奠定了坚实的基础。只有明确体育教学研究的目标，才能更加清楚体育教学研究的方向，明确体育教学研究的意义。因此，明确体育教学研究的目标是体育教学研究的前提条件之一。

（四）当前体育教学改革的方向

随着素质教育的全面推行，体育教学也被正式纳入新课改的范畴，新课改也因此成为体育教学研究的必经之路。与此同时，在从事体育教学研究的时候，也应该清楚体育教学改革的方向，这也是体育教学研究的方向。因此，明确体育教学改革的方向是开展体育教学研究必备的条件之一。

（五）世界各国体育教学研究的状况

改革开放在促进各国经济交流的同时也促进了各国在教育事业上的交流。西方很多发达国家在体育教学中取得了突出的成就，而我国体育教学比西方发达国家起步要晚，因此缺乏很多教学研究的经验。关注世界各国体育教学研究的状况，能为我国的体育教学研究提供更多的方法和内容借鉴，这对于体育教学研究是非常有利的。

二、明确体育教学的过程

体育教学既是体育教育活动的主要表达形式,也是保证学生健康成长的主要方法。但是,体育教学与其他学科的教学又有着很大的不同,因此明确体育教学的过程是体育教学研究的重点对象。明确体育教学的过程既是体育教学研究需要掌握的基本理论问题,也是体育教学研究活动顺利进行的前提条件。详细地了解和掌握体育教学的过程,明确体育教学过程中所涉及的一些基本步骤和内容,是正确认识体育教学的本质、特点和教学中所涉及的一系列教学规律的基础。体育教学过程对教育本身而言,是教育目标实现的途径,而教育研究的根本目的就是提高教学质量,教学质量的提高体现在教育过程中的每一个环节。因此,体育教学研究者必须明确体育教学的过程,这样才能保证体育教学研究具有教学针对性,起到提高体育教学质量的作用。

作为体育教学研究的前提条件之一,对体育教学过程的了解和掌握主要包括以下几个方面。

(一)体育教学过程的特点

体育教学过程的特点是体育教学区别于其他教学的明显特征,也是了解体育教学过程所必须掌握的关键因素。体育教学过程是一个特殊的教学过程,也是一个十分强调实践性的教学过程,并且教学过程会受到很多不确定因素的干扰。因此,每一位体育教学研究者要非常明确体育教学过程的特点,这样才能更清楚地掌握体育教学的过程。

(二)体育教学设计

体育教学的过程实际上就是体育教师对体育教学进行教学设计的过程,体育教学设计要体现不同阶段学生的特点,所设计的教学活动也要有利于学生的成长和发展。因此,体育教学设计是体育教学过程中的重要环节,是体育教学过程不断优化的有力保障。体育教学研究者应该具备体育教学设计的能力,清楚教学设计的功能和作用,这样才能促进体育教学研究的不断深入。

(三)体育教学过程"三段式"

体育教学"三段式"是一种新的体育教学形式,也是保证体育教学过程顺利进行,保证体育教学质量的主要形式。"三段式"教学过程是指将体育教学过程分为开始、准备和结束三个部分,体育教学研究中对体育教学过程的研究也要依照这三个部分进行。因此,体育教学研究者应该具备对教学过程中"三段式"的理解和运用能力。

(四)体育教学方法

体育教学方法是体育教学过程的重要组成部分,它是衡量体育教学过程是否有利于学生成长和发展的主要依据。在进行体育教学过程的研究时,应该清楚每一种教学方法,详细地了解每一种教学方法适用的学生群体以及它们的功能和价值,这样才能对教学方法进行可行性研究。

三、了解体育教学的内容

体育教学是通过教师向学生传授体育运动技术这一载体而实现的。对于体育教学而言,体育教学活动的运动技术较为丰富多彩,而且每一种体育教学活动均有其特定的功能和作用。因此,体育教学内容也是体育教学研究的方向之一,同时也是体育教学活动的载体,是体育教学能够顺利进行的保证。对体育教学研究而言，只有充分地了解体育教学的内容，才能更清楚地确定体育教学研究的方向。除此之外，目前我国体育教学的现状不容乐观，教育内容也存在一些不足之处，开展体育教学研究的目的之一就是找出这些不足，不断地优化教学内容，填补体育教学内容上的缺陷，从根本上改变体育教学，不断地提高体育教学的质量。因此，了解体育教学的内容是体育教学研究尤为重要的前提条件之一。

体育教学内容包括很多方面，对于体育教学内容的了解主要包括对体育与健康知识的了解、体育运动文化知识研究、体育教学内容的选择依据研究、体育教科书研究、体育教学计划研究等。在此，对当前一些需要了解的较为常见的体育教学内容进行阐述。

（一）体育教学内容的逻辑

体育教学内容较为复杂，这就需要体育教学工作者厘清各教学内容之间的关系，这样才能明确各内容之间的逻辑，便于研究过程中的分类与整合，保证教学研究正常进行。

（二）体育教学内容的选择标准和程序

体育教学内容的选择标准和程序，是体育教学研究中必须明确的问题之一，是进行体育教学内容研究和教学过程研究的前提。如果体育教学内容的选择标准和程序不明确，那么就无法保证体育教学研究的科学性。

（三）对民族传统体育活动的了解

体育来源于生活，每一个地区的传统运动项目都有其产生的背景和存在的意义，但是随着社会的不断发展，一些具有地方特色的传统运动项目正逐渐走向消亡。为了增强学生对地方传统运动项目的认同感，保证该地区的体育教学能够凸显地域特色，新课标强调体育教学必须具有当地民族传统特色，这是体育教学研究的任务之一。

四、考量体育教学条件

体育教学具有很强的实践性，因此体育教学离不开良好物质条件的支持，同时对教学环境也有很高的要求，否则就不可能有高质量的体育教学。

在进行体育教学研究的过程中，研究者需要对教学条件进行充分的考量，主要包括了解体育教学的环境和内容，掌握教学场地和器材的现状，清楚体育教学中所需场地和器材的标准，掌握新型运动器材和运动器具的用法等，只有这样，才能保证体育教学研究过程的全面性和科学性。

（一）掌握教学场地和器材的现状

体育教学研究也是对体育教学过程的研究，其根本目的就是不断优化体育教学过程，提高体育教学质量。因此，在对体育教学进行研究的时候，首先要对体育教学的场地和器材现状进行调查，以便更好地掌握体育教学的动态，从而对体育教学开展更为细致的研究。

（二）清楚体育教学中所需场地和器材的标准

每一个阶段的体育教学对场地和器材都有着不同的要求，这是保证体育教学正常进行的基础。在体育教学研究过程中，研究者应该清楚体育教学场地和器材的标准，以便根据标准进行合理的研究，在研究中对教学场地和器材进行优化。

（三）掌握新型运动器材和运动器具的用法

随着科学技术的不断发展，掌握新型运动器材和运动器具的用法逐渐成为体育教学研究的重要内容之一，这也是体育教学研究的条件之一。每一种运动器材和运动器具相对应的教学目的以及适用的人群有所不同，为了保证体育教学研究的有效性，让新型运动器材和运动器具的作用得到充分发挥，体育教学工作者需要清楚新型运动器材和运动器具的用法。

第四节　体育教学研究的方法

体育教学研究是提高我国体育教学质量的方法之一，再加上目前学界对研究型教师的需求越来越旺盛，体育教学研究逐渐受到更多人的关注与重视。任何一种研究只有掌握了先进的方法，才能保证研究的效果，加之体育教学具有一定的特殊性，因此在体育教学研究中尤其要注重研究方法和手段的选择。笔者经过多年对国内外体育教学研究的了解和分析，现对体育教学研究常用的几种方法作简单介绍。

一、问卷调查法

问卷调查法是从事体育教学研究以及其他学科教学研究时常用的一种方法，具体操作过程为：体育教学研究者在对研究目的进行认真分析的基础上，按照体育教学的特点和要求设计一些具有针对性的问题，然后确定调查对象，借助这些问题向调查对象了解更多有关体育教学的详细情况，或者征询一些意见。体育教学研究者在具备体育教学研究所必需的条件的情况下，第一步就是设计调查问卷，选择调查对象，然后进行问卷的回收和审查。

（一）调查问卷的一般结构

任何一种调查问卷都是由题目、指导语、具体内容和编号几个主要部分组成的，每一个部分都有其特定的目的和意义，下面对体育调查问卷的组成部分进行简单的介绍。

1.调查问卷的题目

对于调查问卷而言，题目就是调查的主题，从某种意义上来讲，它又是体育调查的目的。因此，在设计体育调查问卷题目的时候，应保证用语和表述的方式不能让调查对象产生反感。

2.调查问卷的指导语

调查问卷的指导语实际上就是对开展体育调查的目的和调查中有关事项的说明，因此指导语的主要目的就是让调查者更清楚地了解问卷调查的目的和意义，从而引起调查者对调查问卷中题目的重视和兴趣，争取得到调查对象的积极参与和支持。一般而言，体育调查问卷指导语的表达要从被调查者的角度出发，体现被调查者的希望和意愿，同时指导语的内容应该简洁、准确。

3.调查问卷的具体内容和编号

体育调查问卷的具体内容主要包括体育调查问题的内容、问题编排的次序、希望被调查者回答问题的方式等。编号实际上就是问卷中问题的编号，设计问题的编号主要是为了便于调查问卷中数据的整理和搜集。

（二）调查问卷中问题设计的基本要求

调查问卷的主要内容就是问题，由于体育本身就是一门复杂性的学科，为了保证体育调查问卷更符合体育教学研究的需要，在进行问题设计的时候应该满足以下基本要求。

1.保证调查问卷中的问题符合客观的实际情况

由于体育教学具有很强的实践性，因此在设计体育调查问卷的问题时，要保证所提出的问题符合体育教学的客观实际。新课标的实施，加大了不同地区和学校在体育教学方面的差异，因此在设计体育调查问卷的问题时，要从实际情况出发，对调查对象进行分析和了解。

2.问题必须清楚且明确

在设计调查问卷的问题时，要避免设计一些模棱两可的问题，这样会干扰被调查者的思绪，不利于调查的顺利进行。因此，要多设计一些客观实际的问题，以便调查者做出回答和选择。

3.问题必须围绕调查目的展开

体育调查问卷原本就是体育教学研究者根据研究的目的所制定的，目的是更好地开展体育教学研究，因此在设计问题时应该紧紧围绕问卷调查的目的展开。

4.问题必须与被调查者有关

被调查者是体育问卷调查的对象，研究者根据他们填写的问卷，获取一些有益于教学研究的知识和信息，以便体育教学研究能够继续深入地开展。因此，调查问卷的题目设计要与被调查者有关。

5.调查问卷的长度要适当

体育调查问卷的长度要适当，如果问卷设计的题目过多、过长，就会引起被调查者的反感，从而影响他们在填写调查问卷时的积极性。如果问卷的长度过短或问题过少,研究者就不能全面地获取所需要了解的信息。

(三)调查问卷的回答方式

调查问卷的回答方式有两种:一是开放性回答,二是封闭性回答。

1.开放性回答

开放性回答就是某些问题没有特定答案,由被调查者根据自己的理解和内心的想法自由填写。开放性回答的灵活性较大,适应性较强,而且被调查者在回答这类问题的时候不受任何的限制,拥有更多自由回答和自我表达的机会,同时在回答问题的过程中,被调查者还能获得一些较为丰富的具有较强启发性的材料。开放性回答一般用于预测和估计等探索类问题。

2.封闭性回答

封闭性回答即研究者在设计这一问题答案的时候,首先应该将有可能作为问题答案的选项详细列出,供被调查者选择。封闭性回答比较容易,一方面能够为被调查者提供更多参考内容,有利于打开被调查者的思路,为被调查者节约更多的作答时间;另一方面,对于研究者而言,有利于调查问卷的回收和数据的统计分析。封闭性回答的方法主要包括填空式、选择式、表格式等。

为了更好地完善调查问卷,可以将两种问答方式结合起来进行问卷的设计,以适应各种问题,便于研究者对体育教学信息的了解和掌握

二、教学观察法

教学观察法实际上就是体育教学研究者对体育教学过程中所涉及的一些行为进行观察,在观察的过程中收集研究性资料的方法。教学观察法是在体育教学研究中运用最多的一种方法。

（一）教学观察法的特点

教学观察法之所以成为教学研究领域普遍应用的方法，主要是因为其具有以下几个方面的特点。

1.主观针对性

教学观察法最大的优点就是它具有极强的主观针对性，观察者可以在观察的过程中灵活地选择被观察的对象，这样就能主动地排除一些与研究无关的影响因素，使观察具有针对性。

2.客观真实性

所谓客观真实性，就是指所观察的对象和内容都是客观存在的，具有真实性和可靠性，同时也使所观察的内容具有科学性。

3.集体合作性

由于体育教学的特殊性和复杂性，在采用观察法进行研究的时候，往往会比较复杂，需要很多人合作完成。在观察前期，应对参加观察法调查的集体成员进行培训，培养他们的合作意识，这样才能保证调查研究过程中观察的质量。

（二）教学观察法的类型

可以按照观察的方式将教学观察法分为临场观察法、实验观察法、追踪观察法等。

1.临场观察法

临场观察法实际上就是观察者直接处于观察对象所在的现场所进行的一种观察方式。临场观察法能够使观察者及时掌握观察对象的变化，做出快速的反应，同时还能够使观察者身临其境地感受观察对象所处的环境，有利于体育教学研究的开展。

2.实验观察法

实验观察法就是通过观察者的亲身实验而进行的一种观察方法,实际上就是将观察与实验完美结合在一起,使观察者能够及时测量和观察实验过程中的指标变化,从而获得有关实验的结果,为教学研究提供更多可供参考的研究条件。

3.追踪观察法

追踪观察法所观察的是一个事物发展变化的过程,所需要花费的时间较长。追踪观察法虽然会花费观察者很多的时间和精力,但是能够使观察者得到更多有关体育教学的实际情况。

(三)教学观察计划的制订

体育教学的观察计划实际上就是确定体育教学观察的步骤、程序的制订与安排,换言之,就是对体育教学观察法实行方案的研究。它在整个体育教学观察法中占据重要地位,是从事体育教学研究的工作人员进行观察的依据。笔者根据对教学观察计划的研究,将其制订分为以下几个步骤。

1.明确观察的目标与任务

观察的目标与任务是从事体育教学观察的前提和基础,是观察过程的指导思想,在整个观察过程中起到非常重要的作用。

2.选择观察的对象和指标

选择观察对象的时候要注意选取一些具有代表性的对象,这样所得到的结果也较有代表性和说服力。确定观察的指标也是观察过程中非常重要的一部分,要注意指标的有效性和客观性。

3.确定观察的步骤

确定观察的步骤就是梳理观察的操作环节,只有确定观察的步骤才能保证观察的过程井然有序,从而保证观察的科学性和有序性。

三、教学实验法

教学实验法是在教学研究的过程中对所确定的研究假说进行可行性验证的方法。因为体育教学是一项对实践性要求极强的教学，因此每一种新的教学理论或教学方法的推行都应该经过教学实验法的甄选和过滤，确保教学理论和方法的可行性。

（一）教学实验的类型

按照教学实验过程中所涉及的因素，可以将教学实验分为单项实验、综合实验和整体实验三种类型。

1. 单项实验

单项实验实际上是根据实验对象或实验因素而命名的，所以单项实验实际上就是对体育教学研究过程中的一个因素进行操作，以观测其行为效果的实验。在单项实验的操作过程中，实验者能够有效地控制实验变量，把握实验进行的方向。

2. 综合实验

综合实验就是在体育教学研究过程中，对其中有着共同特性或者有着密切联系的内容进行综合研究的一种实验。综合实验一般适用于对有着密切联系的几个因素进行操作，便于对实验进行整体性的控制。

3. 整体实验

整体实验是对体育教学过程中某一个独立的整体结构进行全面的、深入的实验操作。整体实验相对而言是一个规模较大的实验，需要同一地区的体育教学研究者共同参与，并且在实验过程中要兼顾体育教学过程中涉及的诸多因素。

（二）教学实验的基本因素

任何一个完整的教学实验都是由自变量、调节变量、因变量和干扰变量组成的，每一种变量都在实验中发挥着重要的作用，应该处理好这几个变量之间的关系，以保证实验的有效性。

1.自变量

所谓自变量，就是不固定的因素，它会随着外界环境的不同而发生变化。虽然自变量难以有效地控制，但是自变量的有效利用能为教学研究带来意想不到的效果，促进教学研究成果的不断优化与完善。

2.调节变量

调节变量一般也称为次变量，在实验过程中会使自变量发生改变。由于调节变量有助于研究者对自变量效能和性质的研究，促进教学实验的开展，因此认识和研究调节变量具有重要意义。

3.因变量

因变量实际上就是自变量的附属体，是在自变量不断变化下产生的一种变量。例如，在体育教学过程中，学生的发展会导致教学模式的变化。因变量是为了保证自变量更好地发展而存在的。

4.干扰变量

干扰变量是不利于教学实验研究的变量，其存在会对教学实验产生不同程度的干扰，影响研究者对教学实验的归纳和总结。因此，在教学实验过程中，应该严格地控制干扰变量，以防对教学实验造成不利影响。

（三）教学实验设计

教学实验设计是教学实验的中心环节，也是教学实验过程中最为重要的环节，教学实验设计直接影响到实验的成果，继而影响整个体育教学研究的效果。

因此，在教学实验过程中，要注重对实验设计的掌握，教学实验所涉及的实验设计一般包括以下几类。

1. 单组末测实验设计

单组末测实验设计是教学实验过程中经常采用的一种实验设计方案，方法是从所实验的对象中挑选一个班或是一个实验小组，对这个班或实验小组引入一个与体育教学研究有关的变量，在经历了一段时间之后，收集这个班或实验小组的测评结果，然后将这个测评结果与最初的状态相比较，这样就可以进一步证实实验效果的真实性。

2. 单组始末测试实验设计

单组始末测试实验设计能够帮助研究者更清楚地了解小组在实验前后的水平，以确定实验效果的好坏，能够使实验效果更具说服力。这样的教学设计一般适用于较容易把握的教学变量，不适用于一些研究者无法把握的变量。

3. 单组纵贯重复始末实验设计

单组纵贯重复始末实验设计实际上就是通过实验效果的反复对比，确定实验的效果。这样的实验设计十分强调充分对比的周期性，应尽可能地保证实验对象的稳定性。

四、测量法

测量法，顾名思义就是利用某种工具或器材进行测量，进而得出测量数据，利用这些测量数据对教学进行把握和研究的方法。下面对测量法进行简单的介绍。

（一）测量的类型

由于体育教学涉及的内容较多，因此体育教学研究中的测量包括物理量的测量和非物理量的测量。所谓物理量的测量，是指利用某种直观的器械进行测量，从而得到具体数据的过程，如学生的身高、体重、血压等。非物理量的测量是指借助某种标准进行比较或运用统计的测量方法获得的利用简单器械无法获得测量的结果，如心理承受能力、社会适应能力、人际交往能力等的测量。

（二）测量的效度和信度

对于任何一种测量而言，测量的准确性和可靠性是保证测量质量的两个基本要素，下面对测量过程中的效度和信度进行简单的分析。

1.测量的效度

测量的效度是指测量得到的数据的有效性。对任何一项研究而言，测量得到的一定是研究过程中所需要进行分析的数据，是研究的条件和依据。要想保证研究的科学性，就需要保证测量所得数据的效度，主要包括以下几个方面。

（1）内容效度

内容效度指的是测量内容的有效性，主要表现所要测量内容的特征。例如，要想知道一个年级学生的体能特点，就应该测量学生的体能，这就是内容的效度。

（2）结构效度

结构效度是达成所测量内容的一种方法和构想，就是检验测量数据是否真正关系到所要研究问题的理论构思。例如，成绩测量的结构效度，强调用分数来解释测量的过程和方法，而不是学生的年龄或体能。

（3）同时效度

同时效度是选用一种已经被认为有效的测量作为标准，在测量的过程中，由测试者根据在新测试和有效测量中分别获得的数据来估计效度的高低。例如，对学生表现成绩进行测量的时候，由学生和教师按照拟订好的测试标准进行打分，如果得分结果相差不大，就说明这一测试的效度较高。

2.测量的信度

测量的信度又被称为测量的可靠性，是对测量结果和过程真实性评价的指标，如果测量的信度较高，那么不仅受到外界干扰的概率较小，测量的效度也会较高，能够准确无误地测量出测量对象的特征。如果测量过程中的无关变量对测量结果的影响较小，那么测量的信度会较高。为了保证测量结果的准确性，通常要对测量信度进行检测，检测的方法一般包括重测法、复份法、分半法和内部一致性法。

（1）重测法

重测法表示测量过程的重复性，为了更好地检测某种测量方法和标准的测量效度，在测试一段时间后，以同样的方法和标准再次进行测试，如此反复，通过两次或多次测量数据的对比，分析测量信度的高低。

（2）复份法

复份法就是在对统一测试对象进行测试的时候，用两份资料或者试题进行测试，然后计算并分析两种测量所得数据的关系。这样一方面能够避免重复测试给被测试者带来精神上的疲劳，另一方面也能有效地提升测试的效度。

（3）分半法

分半法是在测量的过程中将测试的全部试题分为奇数部分和偶数部分，经过一次测量之后，检测两边分数的关系。分半法较前面两种测试而言较为简单。

（4）内部一致性法

内部一致性法是目前较为流行的且效果较好的一种测量方法，它是指经过对被测试者和测试内容的分析，从测量的构思层次入手，使测试项目形成一定的内部结构，并根据内部结构的一致程度判断测试的信度。

（三）测量法的要求

测量法是体育教学研究中较为常见的一种方法，其以数据为主导，比较注重数据的真实性。测量法的要求主要包括以下几个方面。

1.数量化

教学研究中的测量法与其他方法最本质的区别，就是把所研究事物的某种属性或特征以数据的形式表现出来，并且用可以比较的数字计算结果。

2.保证测量的效度和信度

由于测量法主要靠数据反映，因此应保证测量的效度和信度，这是衡量测量科学性和有效性的关键因素之一。对于测试者而言，在测试过程中应该尽量排除无关变量的干扰。

3.采用适宜的数据处理方法

测量得到的数据是测量结果进行参考、比较的依据，因此在测试的过程中，除了要保证测试的效度和信度，还要强调数据单位的一致性，并采用适宜的数据处理方法。

第二章　体育教学原则

体育教学原则就是体育教学过程中应该遵循的基本要求,是体育教学工作者在原计划的基础上对工作进行拓展和变更时所规定的界限,也是保证体育教学规范性的准则。体育课程本身就是一个实践性较强的课程,再加上涉及的领域广,内容多样,如果没有体育教学的原则作为约束,就无法保证体育教学过程的规范性。我们所开展的体育课是不是属于体育教学,也必须有一定的规则和标准作为限制,这个规则和标准就是体育教学的原则。

第一节　体育教学原则概述

体育教学原则是每一位体育教学工作者都应该坚持和了解的基本内容,也是体育教学中的重要组成部分,在教师的教学工作之中发挥着异常重要的作用。研究体育教学原则可以为体育教学提供更好的服务。

一、体育教学原则的含义和形成

任何一门学科都拥有教学原则,这是保证教学过程规范化和教学方向科学化的基础,体育教学原则在教学过程中发挥着关键作用。

（一）体育教学原则的含义

体育教学原则是实施体育教学最基本的要求，是保证体育教学过程不脱离体育教学目标的最基本因素。在进行教学内容和教学方法的选择时，体育教学方法也受到体育教学原则的约束。因此，体育教学原则也是保证体育教学方法和教学内容科学性和实用性的基础。

体育教学原则是根据体育教学的特点以及体育教学标准确定的，具有以下三个方面的含义。

1.体育教学原则是体育教学的规范

体育教学原则是体育教学的规范，是体育教学过程中各种教学行为改变的基本"底线"，体育教学的相关方法和目标都是在体育教学原则的基础上不断优化和加强的。因此，体育教学原则是体育教学所有要求中最基本的内容。

2.体育教学原则保证体育教学的科学性

体育教学原则是根据体育教学的特点和体育教学中的相关要求制定的，来源于体育教学，又对体育教学有约束作用。因此，体育教学原则中的要求能够保证体育教学过程不脱离教学实际，有利于教学目标的实现。

3.体育教学原则保证体育教学内容的合理性

体育教学原则是保证体育教学内容合理性的基础，因为在进行教学内容的选择时，对所选择的内容应该按照体育教学原则的要求进行筛选和检查，如果不符合体育教学原则的要求，就应该删除，如拳击类运动就违反了安全性的教学原则，因此不能作为教学内容。

（二）体育教学原则的形成

通过前面对体育教学原则含义的了解，我们已经清楚体育教学原则在体育教学中的重要作用，探究体育教学原则的形成过程，更有利于体育教学的规范。

1.体育教学原则是体育教学实践经验的概括和总结

自从体育成为学校教育的组成部分之后,体育教学工作者一直致力于探索"如何更好地完成体育教学的目标"和"如何提高体育教学的质量"。为了保证体育教学的规范性,体育教学工作者在长期的体育教学实践中,对前人的体育教学经验和教学成就进行了总结和分析,探究出体育教学的规律要求。在长期的积累和不断的修订中,最终形成了体育教学的原则。

2.体育教学原则是体育客观规律的反映

体育教学原则是体育教学工作者根据多年的教学经验和对体育教学历程的研究而制定的,所以体育教学原则是体育教学过程的客观反映。体育教学有着一些共同的规律,这些规律是客观存在的,不受任何环境和情况的干扰。在所有的体育教学中,人们也都是依据这些客观规律进行体育教学实践的。

3.体育教学原则在不断发展和完善

由于体育教学原则是根据人们对体育教学规律的认知和教学特点制定的,因此体育教学原则与人们的认知水平有着本质联系,是受人们的认知水平制约的。随着人们对体育教学认知和实践的不断深入,以及社会的不断发展和进步,体育教学原则将会随着人们认知的提高而不断发展和完善。因此,体育教学工作者要跟随时代的脚步,与时俱进地对体育教学原则进行研究。

二、体育教学原则的作用

笔者通过自身的教学经验和分析研究,将体育教学原则的作用总结如下。

(一)使体育教学要求更加明确

体育教学原则是体育教学工作的基本要求和教学规律的具体体现。依据体育教学原则制定的教学要求更加具有科学性、准确性和生动性，而且利于学生接受，因此体育教学原则更加明确体育教学的要求。在体育教学开展的过程中，相关教育单位或者体育教学小组可以针对体育教学原则的内容对体育教师提出具体的要求。从某种程度上说，体育教学原则是对体育教师提出的最基本的要求，是体育教师在教学过程中必须遵守的。

（二）梳理教师进行教学的思路

体育教学是一个复杂的教学过程，涉及的内容有很多，如根据教学目标进行教学内容的选择和安排，对教学方法的选择和运用，对学生兴趣的培养和管理，对教学条件的准备和优化，对课堂的设定和计划等，这些因素增加了教学的难度。但是如果教师按照体育教学原则进行，那么教学工作就是正确的、科学的，教学质量就能得到基本保障。所以，教学原则帮助教师梳理了教学思路，保证了教学的科学性。

（三）作为观察体育教学的视角

由于体育教学原则反映的是体育教学的基本要求，所以在教学过程中只有遵循体育教学原则才能满足体育教学要求，才能使教学呈现出合理的外部特征。相反，如果不遵循体育教学原则，就不能保证教学目标的顺利实现和教学过程的科学性。所以，在教学过程中，可以以体育教学原则为视角观察教学的外部特征，从而判断体育教学实施过程的合理性。

（四）作为评价体育教学效果的标准

任何一种教学评价都可能会有主观依附性，会对体育教学评价的科学性产生影响。但是如果以体育教学原则为参考进行评价，不仅能统一体育教学评价的标准，还能保证体育教学评价的科学性。

三、体育教学原则的因素与要求

事实上，体育教学原则的构成具有复杂性，无论是一般教学原则还是体育教学原则，都是由很多具体的原则构成的，所以教学原则作用的发挥也不是由一个简单的原则促成的。之所以会对体育教学原则进行整合和归纳，将几个甚至十几个原则捆绑在一起，是因为体育教学涉及的因素很多，如果不对原则进行细分，就会使体育教学原则归纳起来比较复杂，也不利于对教学过程的掌握。一般来说，体育教学原则有五大因素与要求。

（一）政治因素与要求

政治因素与要求是由国家教育部门根据当今的政治特点和需求确定的，这种政治因素与要求是教学的基本要求，也是教学应该遵循的基本原则。政治因素与要求是国家总的教育方针和政策，任何一项体育活动都必须在这个范围内进行，如果脱离了这一限制，教学就会偏离方向，就不利于教学质量的提高。例如体育教学要遵循学生素质全面发展的原则，这是因为随着人们生活水平的提高，社会对人的素质的要求也在提高，体育教学又是学校教育中培养学生全面发展的基本手段之一，所以在体育教学中，关于实现学生全面发展的原则就是"政治因素与要求"影响下的产物。

（二）学科体系因素与要求

虽然体育学科与其他学科相比，有着非常明显的区别，但是每一个学科的教学都应该遵守学科教学的一般要求，这是教学实施的前提和基本要求。如果在教学的过程中不遵守"学科体系因素与要求",教学就会失去科学性和合理性,同时还可能造成教学步骤混乱、教学失去重点、难以达成目标等问题。有序性原则、结构性原则、科学性和思想性相统一的原则等,都是在学科体系因素与要求上确立起来的。

(三)学生发展因素与要求

学生是学科教学活动中的重要组成部分,是教育活动的承受者和教学效果的表现者。由于学生的生长环境和心智存在差别,因此在教学过程中应该对学生进行研究和分析,把握每一个学生的特点,以便于有针对性地实施教学,保证教学的质量。启发创造性原则、因材施教原则、启发诱导原则、动机原则、积极主动性原则等,都是在学生发展因素与要求上确立起来的。

(四)教学法理因素与要求

教学法理因素与要求是根据学生在教学中的接受能力和教学内容的特点以及学生的心理发展特点和教学方法特点制定的,坚持这样的教学原则能够保证学生学习的合理性和科学性,有利于学生对学科知识的接受和掌握。理论联系实际原则、直观性原则、巩固性原则、循序渐进原则、系统性原则、反馈原则等,都是在教学法理因素与要求上确立起来的。

(五)教学工作因素与要求

教学工作是教学的中心环节,也是教学最重要的环节。教学工作是教学实施的过程,教学工作中涉及教学形式、教学方法、教学条件和教学过程等因素。其中每一个因素都有基本的要求,只有在教学过程中认识到这几个因素的重要作用,才能保证教学的准确性和合理性。教学整体性原则、教学形式最优化原则、教学方法优化原则、教学条件优化原则、教学过程优化原则等，都是在教学工作因素与要求上确立起来的。

在进行体育教学时，必须建立一个内容完整、词义准确、指导性强、便于记忆的教学原则体系，这样才能发挥整个教学原则对教学活动各个环节的指导作用，促进体育教学达到最优化。

第二节 我国体育教学原则的发展历史和方向

自从近代教育学之父夸美纽斯（Jan Amos Komenský）将教学原则这一概念引入教学研究的范畴，它便一直作为教学中的重要组成部分，受到不同时代教学工作者的关注和研究。教学原则是随着人们的教学经验和认识的不断深入而逐渐发展起来的，根据教学的特点来看，教学原则的范畴并不是一成不变的，它是随着人们对体育教学认识的发展而不断发展的。

体育教学原则是对长期体育教学实践经验的总结和概括，是对体育教学中客观规律的反映，是体育教学工作者在体育教学过程中必须遵守的行为准则。因此，体育教师对体育教学原则的掌握和教学规律的运用，可进一步促进体育教学的发展，提高教学效果，促进教学质量的提高，掌握和理解体育教学原则，对体育教学工作具有重要的意义。

一、我国近代体育教学原则的发展历史

研究体育教学原则的发展进程，有助于提高体育教学工作者对体育教学的认识，增强其对体育教学原则的重视，促进教学原则的不断完善，提高体育教学的质量。笔者对体育教学原则的发展进行了研究，将其发展轨迹概括如下。

（一）引证借鉴与经验总结时期

我国体育教学的存在和发展主要受到20世纪20年代美国教育家、心理学家、体育专家提出的"自然适应性"和"实用主义教学观"的影响。例如，我国体育教学的先驱陈咏声在1934年出版的《体育概论》中指出，体育教学原则就是要求体育教学适应学生的年龄，适应学校的环境，适应社会发展的状况等。可见，早期的体育教学原则的制定受自然环境和外界环境的影响较大。

20世纪40年代，我国学者王学政在出版的《体育概论》中对教学原则的概述主要依据的是美国心理学家、教育学家桑代克（Edward Lee Thorndike）关于"准备律—练习律—效果律"的思想。王学政指出，体育教学原则主要包括以下三个方面：第一，准备律，激发学生学习的动机，鼓励学生在学习过程中发挥主观能动性；第二，练习律，保持练习的连续性，不能中断，在练习的过程中不能敷衍了事；第三，效果律，通过教学活动的开展，促进学生学习目标的实现，提升体育教学的质量。

在20世纪三四十年代，我国教学研究者能够引证或借助当时的自然科学和心理学的研究对体育教学原则进行论证，无疑是体育教学研究的一大进步。但是从这一时期对教学原则的研究和分析中可以看出，教学原则的制定仍没有达到以经验总结为依据的水平，同时对教学客观规律的概括水平还不能满足教学原则制定的需要。换句话说，这一时期教学经验的总结水平和教学规律的概括水平还比较低。它从侧面反映了这一时期，人们对体育教学规律、教学要求和教学原则之间的界限并不了解。这一时期，不同研究者提出或者制定体育教学原则的着眼点各不相同，但是其中都有值得借鉴和继承的部分，对我国体育教学原则的研究和发展具有重要的参考价值。

（二）学习借鉴与引进时期

20世纪50年代，我国主要借鉴和学习苏联的体育教学理论，因为在这一时期，包括科里亚科索夫斯基在内的教学研究者提出的体育教学理论在体育界和学术界影响深远。这一时期的苏联，基本已经形成了完整的体育教学原则体系。苏联体育理论学家依·格·凯里舍夫在其主编的《苏联体育教育理论》中提出，体育教学原则由以下五个部分组成：一是自觉积极性原则。体育是一门实践性较强的学科，需要学生亲自参与才能完成，因此教学过程要严格坚持这一原则。二是直观性原则。体育对学生而言是一门相对简单的学科，是通过身体的运动完成的，因此在教学过程中应该坚持直观性原则，以保证教学的效果。三是系统性和连贯性原则。系统性和连贯性原则是任何一个学科都应该遵守的原则，这是教学的根本。四是可接受性原则。可接受性原则是指教学的内容要易于被学生接受，这是教学的前提和要求。五是巩固性原则。在体育教学过程中，应指导学生不断温习与巩固知识。苏联的体育教学原则理论主要受凯洛夫教育理论的影响，是通过对教学中涉及的因素、教学的实质以及对教学对象的分析提出的，比较注重教师在教学中的作用，偏向于教学过程对学生知识和技能的要求。

我国在体育教学原则的制定过程中，受苏联的体育教学原则的影响较大。我国在这一时期编制的《体育理论》教材中的教学原则，就是根据苏联的体育教学理论的思想确定的。具体内容如下：第一，从教学对象的身体情况出发的原则。这一时期所提倡的体育教学，实际上就是对学生的身体的教学，因此要关注学生的身体状况，这是教学的保证。第二，直观与思维相结合的原则。体育教学是一个复杂的教学，涉及的领域众多，因此在教学的过程中应该坚持直观与思维相结合的原则，保证教学过程的全面性。第三，身体全面训练的原则。体育教学是通过身体的运动完成的，是身体运动的结果。第四，系统性原则。体育教学同其他学科的教学一样，不论是知识还是技能的学习，都存在很强的系统性，因此在教学的过程中也应该保证系统性，便于学生学习和接受。第五，合理运用运动量的原则。运动量是体育教学的专属名词，是体育教学的重要组成因素之一，只有保证机体所承受的运动的合理性，才能最大限度地发挥体育教学的作用。第六，训练的长期性和周期性原则。体育锻炼的目的就是提高学生的身体素质，而身体素质的提高不是一朝一夕就能完成的。

上述这些体育教学的原则与前一时期相比，有了较高层次的进步，开始重视学生的主动性以及相关能力的培养，对体育教学起到了指导性的作用。但是，通过对上述体育教学原则的分析可以看出，体育教学原则的确立应建立在体育教学实践之上，这一时期的体育教学原则并不具有全面性，也不能准确地反映体育教学的规律。

（三）停滞时期

1966~1978年，我国教育事业遭到了重创，包括体育在内的很多教育事业都受到了影响，甚至处于停滞的状态。

（四）改革开放与探索发展时期

20世纪80年代，我国体育理论界开始致力于探索具有中国特色的体育教学原则体系，但是对体育教学原则却没有统一的认识，出现了多种体系并存的现象。

第一，全国体育学院教材委员会编写的《体育理论》教材中，将体育教学原则总结为以下六个：自觉积极性原则、直观性原则、从实际出发原则、循序渐进原则、身体全面发展原则、巩固提高原则。

第二，学者金钦昌在出版的《学校体育理论》中指出，体育教学的主要原则有以下几个：自觉性积极性原则、从实际出发原则、身体全面发展原则、合理安排体育运动量原则、直观性原则、循序渐进原则、巩固与提高相结合原则。

从以上两种对体育教学原则的论述中可以看出，经过不断的发展和经验的积累，人们对体育教学原则的认识逐渐深入，并在原则内容的制定上有所进步，但是没有真正形成适合体育教学实际需求的体育教学原则体系。

（五）逐渐稳定时期

体育教学发展至20世纪90年代，随着与体育教学相关的学科教学体系和教学原则的不断完善，人们对体育教学的认识也不断加深。例如，1998年发表的《素质教育的若干体育教育原则探析》指出，较为完整和科学的体育教学原则包括主体性教学原则、发展性教学原则、全面性教学原则、因材施教原则和创造性教学原则，这促使我国体育教学原则的制定朝着规范化和科学化的方向发展。

总之，这一时期的体育教学原则体系呈现出蓬勃发展的局面，体育教学从以往过分注重学生的技能培养，逐渐转变为注重减少学生的心理负荷，同时终身体育的概念得以延伸。因此，这一时期的体育教学原则体系逐渐趋于成熟，体育教学更加合理。

（六）课程改革与创新时期

进入21世纪之后，随着人们思想觉悟的提高和对体育教学的重视，社会各方对体育的发展提出了更高的要求，同时随着"以人为本""终身体育"等一系列先进的体育教学思想的完善，教育者在体育教学原则体系的构建过程中，也十分注重培养符合现代化要求的体育教学观念。

学者毛振明主编的《体育教学论》中所提出的体育教学原则，就是根据现代社会发展对体育教学的基本要求确定的，具有合理性。例如，合理安排身体活动量的原则是保证体育教学合理性的基础；注重体验运动乐趣的原则侧重对学生学习兴趣的培养，响应了现代体育教学思想中"快乐体育"的号召；促进学生技能不断提高的原则是体育教学的目标，也是体育教学质量的保证；在集体活动中进行集体教育的原则是充分发挥体育教学寓教于乐精神的体现；因材施教的原则主要是由学生在发展过程中表现出的差异性决定的，教师为了保证教学质量，要根据学生的特点采用合适的方法进行教学；安全运动与安全教育的原则是体育教学的基本保证。

从以上体育教学原则体系中可以看出，该时期我国体育教学原则体系已得到发展，教学原则所包含的内容和方向也能全面地反映当今时代对体育教学的需求，提高了体育教学原则的合理性。

二、我国体育教学原则的发展方向

体育教学原则随着时代的发展不断变化。笔者通过对历年来体育教学原则和体育教学特点的研究，将体育教学原则的未来发展方向总结为以下几点。

（一）人文精神在体育教学原则的研究中将得到改观

这一观点的形成，主要是由以下教学方向和观点的变化引起的。第一，更加重视和突出教学主体性发展的问题的研究。这种研究主要从学生学习的积极性和主动性入手，保证教学能够不断激发学生的主观能动性，提升学生的学习兴趣，提高学生的学习动力。这需要体育教师在教学过程中注重对学生自主活动、师生之间的平等交往等问题的研究，其最终目的就是提高学生对体育课程学习的兴趣。第二，更加注重体育教学的审美性、情感性和艺术性。因为体育教学的目的就是提高学生的身体素质，所谓身体素质，既包括身体的健康，也包括心理的健康，总之就是促进学生德智体美劳全面发展。因此，在对学生进行体育教学的过程中，要注重对学生情感、审美和艺术方面的教育。

（二）重视学生整体素质的全面发展

随着素质教育在我国的全面普及，注重学生整体素质的培养已经成为当今时代教育的主题。学校体育教学事业为了适应体育教学改革的要求，在教学内容上突破以知识为主的教学原则体系框架，注重对学生体育知识的传授和个人品质的培养，以促进学生全面发展为宗旨，这已经成为体育教学研究和教学发展的一种趋势。为了满足当前我国素质教育的需求，学校体育教学事业还提出了"身心全面发展的原则""多元化评价的原则"等。

（三）重视教与学的统一

前面我们已经提到，体育教学的原则是随着人们意识的发展和时代的变化而不断变化的。随着体育教学的不断发展和人们对体育教学认识的不断深入，人们逐渐认识到传统体育教学原则的片面性。受传统教学思想的影响，教学重教轻学，因而传统教学原则的提出也多针对教师的"教"，并未对学生的"学"做详细的探讨。但是体育教学的目的是实现学生身心素质的全面发展，因此在确定教学原则的时候，应该明确为学而教的思想，注重教与学的统一。

（四）构建全新的现代化体育教学原则体系

教学原则体系需要随着时代的变化而不断完善，为了保证体育教学的质量,急需构建一套全新的现代化的体育教学体系,这不仅是体育教学原则研究的根本目的,也是体育教学工作者为了响应时代的发展迫切需要解决的问题。在构建符合现代教学需要的体育教学原则体系的时候,要吸取前人的经验,在前人总结的教学经验的基础上进行构建,还要保证教学原则既具有一定的概括性,又具有个性,在提高学生的素质、发展学生的个性、反映教学规律、达到教学目的等方面同时下功夫,构建一个完整的、全面的、具有时代意义的体育教学原则体系。

第三节 当前我国基本的体育教学原则

体育教学原则在体育教学过程中具有非常重要的指导意义,本节主要对我国当前基本体育教学原则进行分析和总结,旨在为体育教学工作者和教学研究者提供更多理论方面的知识参考。

一、合理安排身体活动量的原则

合理安排身体活动量是保证体育教学科学性的前提和基础,是素质教育对体育教学的基本要求。如果体育教学的运动量较小,就无法满足学生的身体发展需求;如果运动量过大,就会对学生的身体造成损害。

（一）合理安排身体活动量原则的含义和依据

合理安排身体活动量的原则，是指在教学的过程中必须体现体育教学的本质特点——身体的活动性，而且要根据学生的身体状况和运动的特点，保证学生接受的活动量在肌体承受能力范围之内，同时又能够满足学生掌握体育知识和技能的需要，以及身体发展的需要。

合理安排身体活动量的教学原则是依据体育教学的特点，以及学生在锻炼过程中身体承受运动负荷的规律而提出的。科学的身体运动是学生锻炼身体和掌握基本运动技能的过程，也是保证体育教学目标实现的过程，因此在体育教学过程中要保证学生肌体所承受的运动量的合理性。

（二）贯彻合理安排身体活动量的基本要求

前面我们已经介绍了在进行体育教学的时候需要坚持合理安排身体活动量的原则，笔者根据对体育教学原则的分析和体育教学中相关因素特点的研究，得出了贯彻"合理安排身体活动量"这一原则的基本要求。

1.活动量的安排要符合体育教学的目标

在教学的过程中，教师合理安排体育教学的活动量，实际上是为了保证教学活动的科学性。因为合理的运动量的安排能最大限度地发挥体育教学的优势，促进教学目标的实现。如果某位教师在对学生进行身体训练的时候，安排的运动量超过了学生的身体承受能力，就会对学生的身体造成伤害，无法保证"促进学生身心健康"这一教学目标的实现。

2.活动量的安排要符合学生的身体发展状况和身体发展需要

科学安排运动量能促进学生身体素质的提高，降低现代生活中一些不利因素对学生身体造成的伤害。教师要想科学地安排学生的活动量，就应该对学生的身体发展状况进行研究，清楚学生身体发展的需要，这样才能保证活动量的合理性。

3.要通过科学的教程、教材和教法的设计安排身体活动量

体育教学运动具有复杂性的特点,运动项目多种多样,有的运动量大,有的运动量小,呈现出不平衡的态势。因此,在教学设计的过程中要考虑学生的运动量问题,以此进行教程、教材和教法的设计。

教学的过程是实现体育教学目标的过程,由于各个阶段的教学任务和教学内容不同,因此在教学过程中还要根据不同阶段的教学内容合理安排运动量。

教法是教学的呈现,也是调节运动量的重要手段,因此在教学的过程中,要根据体育教学活动的情况随时调整学生的运动量和运动强度,保证学生运动量的合理性。

4.活动量的安排要因人而异

学生是教学活动的主体,因此要保证教学过程中运动量的合理性,应该以学生为重点,因材施教,根据学生的身体特点安排运动量,调节运动量的大小。

5.逐步提高学生控制运动量的能力

在体育教学过程中,除了要促进学生运动技能的提高,还要指导学生掌握一些判断运动量和调整运动量的方法和技巧,帮助他们合理地控制运动量,逐步地学会锻炼身体。

二、注重体验运动乐趣的原则

运动乐趣是培养学生学习兴趣的基础和前提,是保证学生在学习过程中发挥主观能动性的基本条件,也是促进体育教学目标实现的基本保障。如果学生在体育学习过程中体会不到运动的乐趣,他们就会失去对体育学习的兴趣。

（一）注重体验运动乐趣原则的含义

注重体验运动乐趣的原则是指在体育教学过程中，在给学生传授相关体育知识和技能的同时，让学生感受到体育学习的乐趣，这样能使学生喜爱体育运动，并积极参加体育锻炼。

注重体验运动的乐趣，是根据体育教学的特点和学生在体育运动中情感的变化提出的，体验运动乐趣是人参与体育运动和体育比赛的重要目的。随着科学技术的不断更新，人们生活的节奏也日益加快，这些快节奏的生活方式给人的健康带来了不利影响，人们急需通过体育锻炼维持自己的身心健康，所以体育运动逐渐成为人们生活的一部分。

（二）贯彻体验运动乐趣原则的基本要求

在体育教学的过程中，贯彻体验运动乐趣原则的基本要求有以下几点。

1.正确理解和对待体育运动中的乐趣

每项体育运动项目都有其固有的运动乐趣，这些乐趣来源于这些体育运动项目的特征，体育教师要想充分挖掘和利用运动中的乐趣，促进体育教学目标的实现，就应该正确地理解和对待体育运动中的乐趣，既不能无视它们的存在，也不能盲目地挖掘，要从体育教学目标、运动的特点、学生的情感倾向等方面深刻地理解体育教学运动中的乐趣。

2.注重从学生的立场理解教材

教师和学生是体育教学中的两大主体，是教学活动的重要组成部分。教师是教学活动的教授者，学生是教学活动的接受者。两者的立场不同，因此理解教材的角度就有所不同。教师往往从教学过程和教学目的两个方面理解教材，学生往往从乐趣和挑战两个方面理解教材。再加上学生是教学活动的参与者，是教学方法的受用者，也是教学目标的体现者，因此应该注重从学生的立场理解体育运动中的乐趣。

3.让每一个学生都能不断获得成功的体验

体育与其他学科的根本教学目标一致，就是提高学生的知识和技能，使学生不断成长。但是与其他学科教学不同的是，体育教学是一个与学生的身体条件密切相关的教学活动。但是，每一个学生受到遗传因素的影响，在身高、体重和运动技能等方面有所区别。如果开展集体的训练活动，一些身体条件较弱的学生就很容易在学习的过程中感受到差距。所以，为了保证学生在学习过程中的平等性，必须通过各种教学方法的优化，让学生不断体验成功的乐趣，增加学生的自信心。

4.处理好运动乐趣与运动技能之间的关系

前面我们已经介绍过，要让学生在运动的过程中体验到成功的乐趣，但是体育教学的目标是提升学生的运动技能，因此在教学的过程中要保证两者之间的统一。体育教学中有些内容具有趣味性和技能性，有些则偏重技能性。只有将技能性和趣味性两者统一起来，才能促进教学目标的实现。因此，在教学的过程中，要将趣味性和技能性较强的活动作为教学的重点，同时也要挖掘技能性偏重的活动中潜藏的趣味性，提升教学质量。

5.开发有利于学生体验乐趣的教学方法

在教学的过程中，教师除了要重视体育知识的传授，还要善于采用多样化的教学方法帮助学生体验运动的乐趣。例如，在教学的过程中，可以根据运动项目的特点，灵活地使用游戏法、比赛法、领会教学法等，让学生充分地、平等地体验到体育的乐趣，提高学生对体育学习的兴趣。

6.体验乐趣不忘磨炼学生的意志

促进学生全面发展是教学的目的，因此在体育教学的过程中不能忽视磨炼学生的意志，更不能一味地迁就学生的兴趣，要让学生在体验乐趣的同时得到磨炼。

三、促进技能不断提高的原则

体育教学的目的之一是促进学生技能的提高,因此在教学的过程中要贯彻促进学生技能不断提高的原则,保证教学目的的实现,提高教学质量。

(一)促进技能不断提高原则的含义

促进技能不断提高的原则是指,在教学的过程中教师要通过各种教学方法的运用,不断提高学生的运动技能,提高学生的运动成绩,从而提升体育教学质量。

促进体育教学技能不断提高的原则是由体育教学的目标、社会的需求和人的肌体发展的需求三个因素决定的,同时也是实现体育教学终身化的基本前提和条件。

(二)贯彻促进运动技能不断提高原则的基本要求

促进学生运动技能的不断提高,是体育教学目标的重要组成部分,也是体育教学的意义所在。在确定这一教学原则的时候,应该做到以下几点。

1.明确运动技能学习的目的,有层次地掌握运动技能

体育教学要求学生掌握运动技能,就是为了丰富学生的学习生活,增强学生的身体素质,保证学生的健康成长。因此,在开展以"运动技能的提高"为目的的教学时,要树立"健康第一"和"终身体育"的思想,将体育教学目标根据教学任务分阶段地进行划分,有层次、分门别类地让学生掌握体育课程标准所要求的运动技能。

2.要钻研"学理"和"教学",提高教学质量

要想提高教学质量,就应该做到"知己知彼"。因此,要想让学生很好地

掌握体育运动技能，教师自己就必须把握运动技能规律，特别是各种运动技能的特点和发展的规律。因为体育是一门较为复杂的学科，并且教学的时间相对有限，为了保证体育教学的效率，体育教师必须研究教学技能提高的途径和规律。

3.要创造提高运动技能的环境和条件

任何一种技能的学习都会受到环境和条件的影响，只有在环境和条件相适宜的情况下，才能最大限度地发挥教学的效果。影响运动技能提高的环境和条件因素包括教师自身的运动技能和水平、教学场地和器材的优化以及体育教师对学生学习氛围的营造等。

四、提高运动认知、传承运动文化原则

提高运动认知原则能够促进学生体育相关知识和技能的形成，传承运动文化原则能够增强学生的责任感，激发学生对体育教学的兴趣，促进学生对体育技能的掌握。

（一）提高运动认知、传承运动文化原则的含义

提高运动认知、传承运动文化，就是在进行体育教学时，通过对学生的体育知识和技能的培养，增加学生对体育运动的认识，加深学生对体育运动文化的理解，便于学生对体育文化的传承。

体育运动是通过各种运动体验而形成的一种特殊的运动方式，而且从目前运动在人们生活中的价值和社会发展的趋势可以看出，人们对运动的认知能力的提高，不仅有利于身心健康，还有利于运动文化的传承和发展。

每一门学科都有其重要的作用，体育学科的作用之一就是提高学生的运动

认知能力，促进学生全面发展。因此在开展体育教学的过程中，要坚持提高运动认知、传承运动文化的原则。

（二）贯彻提高运动认知、传承运动文化原则的基本要求

在体育教学中，贯彻提高运动认知、传承运动文化原则的基本要求有以下几点。

1.重视体育教学中的认知因素

重视体育教学中的认知因素，就是要在教学过程中，注重学生对运动技能的掌握和对体育运动文化的理解。加强学生对运动技能的认知有利于他们在终身体育学习中熟练地运用运动技能，将体育运动很好地融入生活。

2.注重培养学生的运动表象和再造想象能力

运动表象和再造想象是学生掌握技能的基础，学生头脑中关于运动表象和再造想象储备的知识越多，对运动技能的接受和掌握就会越迅速和高效。因此，教师在体育技能教学的过程中，要不断地向学生演示具体动作，督促学生模仿练习，使其对动作更加熟练。

3.注意开发有助于提高学生认知的教学方法和手段

方法和手段是实现教学目标的基础。体育教学是一种较为宽泛的教学，在体育教学过程中，要提升学生的运动认知和技能，就必须采取正确的教学方法和手段。在教学方法的选择上，要注重创新方法和层层深入方法的开发；在教学手段层面，要重视对娱乐性较强的教学手段的开发，帮助学生提高运动技能。

五、在集体活动中进行集体教育原则

体育教学侧重集体性，有些活动强调以小组为单位，这有利于在活动过程中增强学生的团结意识，提高学生的集体荣誉感。这也是体育教学的目的之一。因此，在集体活动中要注重集体教育原则。

（一）在集体活动中进行集体教育原则的含义

在集体活动中进行集体教育原则是指，在学生进行集体性的学习活动时，要注重对学生集体荣誉感和团结性等集体活动特性的培养，增强集体的凝聚力，使学生形成正确的集体意识，养成良好的集体行为习惯。

体育教学活动主要以协同、竞争、表现为特点，这些特点主要在集体活动形式中得到体现。再加上体育教学侧重室外教学，受到场地、教学活动范围和教学方式的影响，体育室外教学的开展一般以小组为单位，这使得体育教学具有集体性，因此在教学过程中要注重对学生进行集体教育的原则。

（二）贯彻在集体活动中进行集体教育原则的基本要求

在集体活动中贯彻集体教育原则时应做到以下几点。

1.分析、研究和挖掘体育教学中的集体要素

体育教学中有很多集体性的要素，因此在体育教学的过程中，要注重分析、挖掘具有集体含义的要素，如团队的意识、共同的目标、互帮互助的活动形式等。教师在进行集体教学的过程中，要将这些要素有目的、有意识地融入学生的集体活动和体育学习之中，以便培养学生的团结意识和集体荣誉感。

2.善于设立集体运动的场景

在体育教学过程中衡量教学活动是否具有集体性的依据是集体是否有共

同目标，是否有共同的学习平台，这是因为共同的目标和学习平台是集体运动的重要组成部分。

共同的学习目标是每个学生学习的动机和欲望；共同的学习平台是学习的场所和环境，能够体现集体的存在感。这两个要素能够让学生更好地凝聚在一起，互帮互助完成共同的目标。因此，教师要想贯彻集体教育原则，就应该善于设立集体运动的场景，如组织篮球比赛、拔河比赛等。

3.善于开发有助于集体学习的方法

要想贯彻在集体活动中进行集体教育的原则，就必须建立有助于集体学习的方法，这是促进教学目标实现的重要途径。例如，组织学生进行课堂讨论、分组进行比赛等方法，将为体育教学中贯彻集体教育原则提供技术上的保证。

六、安全运动与安全教育的原则

安全运动与安全教育是体育教学的根本要求，因为开展体育教学的目的就是提高学生的身心健康水平，如果脱离了安全这一宗旨，任何一种教学活动都不是科学有效的。

（一）安全运动与安全教育原则的含义

安全运动与安全教育原则是指在教学中保证安全的同时，对学生进行安全意识的培养和教育。

体育运动是一种危险系数较高的活动，初学者或是体质较弱的学生参加某类活动时面临的风险较高，但是这种风险是相对的，是可以避免的。因此，在教学之前，体育教师要进行严格的设计，保证教学的安全性。

（二）贯彻安全运动与安全教育原则的基本要求

在体育教学中贯彻安全运动与安全教育原则的要求如下。

1.教师必须预测所有存在安全隐患的因素

体育教学中有很多因素都是可以预测的，如学生的身体差异因素、器械因素、场地因素、天气因素等。在进行教学之前，教师只有根据这些因素进行合理的规划，才能保证教学的安全。

2.时刻对学生进行安全运动教育

要在教学过程中贯彻安全运动与安全教育原则，就要对广大学生普及安全教育知识，让学生在学习的过程中时刻牢记安全第一，这样才能将安全意识落到实处。

3.建立运动安全制度，重视对设备的管理

制度是约束学生行为的一种较有权威性的指标，建立运动安全制度，能够让学生在学习的过程中自觉遵守安全行为规定，限制危险运动或行为。同时，设备是体育教学中不可缺少的条件之一，要在教学的过程中重视对设备的管理。

第三章　体育教学方法

体育教学活动的开展需要教师在体育教学方法设计方面融入大量的教学智慧，通过科学合理的教学方法的设计与使用来更好地呈现教学内容，激发学生体育学习的积极性。随着现代体育教学的不断发展，一些新的体育教学方法被发现并被应用到体育教学中。本章主要针对当前使用的体育教学方法进行系统研究，以启发和指导体育教师结合教学实际选出最佳的体育教学方法及组合，从而不断提高教学质量，优化教学效果。

第一节　体育教学方法概述

一、体育教学方法的概念

教学方法是教学论的重要组成部分，也是教学论中实践性很强的部分。教学方法在教育教学实践活动中产生，并服务于教育教学，是影响教学活动顺利进行、提高教学质量的主要因素。几十年来，教学方法的理论和实践的研究得到了广泛重视，取得了很大发展，形成了较为科学的方法体系。这都是教育领域取得的成就。

然而，有关教学方法概念的界定，即教学方法本质的问题并没有统一。下面列举几种教学方法的定义：

①教学方法是教师为完成教学任务所采用的手段。

②教学方法是指教师在教学过程中，为了完成教学任务所采用的工作方式和学生在教师的指导下的学习方式。

③教学方法是为了完成一定的教学任务，师生在共同活动中采取的手段，既包括教师教的方法，也包括学生学的方法。

④教学方法是为了达到教学目的，运用科学手段而进行的，由教学原则指导的、一整套方式组成的、师生相互作用的活动。

⑤教学方法是在教学过程中，教师和学生为实现教学目的、完成教学任务而采取的教与学相互作用的活动方式的总称。

受母学科对教学方法的定义的影响，体育教学方法的概念在不同时期甚至同一时期的定义也有很大差异。

我国学者金钦昌在其编著的《学校体育理论》中认为："体育教学方法是指在体育教学过程中完成教学任务所实施的工作方法。它包括教师教的方法和学生学的方法。"吴志超、刘绍曾等在《现代教学论与体育教学》中认为："体育教学方法是实现体育教学任务或目标的方式、途径、手段的总称，属于体育教学法的范畴。"吴锦毅、李祥主编的《学校体育学》认为："体育教学方法，是指在体育教学过程中，教师和学生为完成体育教学任务、实现体育教学目的所采用的工作方式。"

从上面可以看出，对体育教学方法的本质的认识是有一个过程的，而且这个过程仍在继续，学界对教学方法的认识逐渐明确，从只注重体育教学过程中教师的作用，到开始关注学生主体地位和学生主体性的发挥，以及师生的相互作用，一步一步地接近教学方法的本质。为了体育教学理论研究和指导实践交流的方便，笔者综合不同学者对教学方法的定义和认识，以及体育领域近年来对教学方法的研究成果，认为体育教学方法是在体育教学过程中，师生为了完成教学任务，实现教学内容的有效传递、学习而运用的一系列活动方式的总称。

二、体育教学方法的构成要素

教学方法是在教学实践中发生和发展的，在体育教学中，教学方法的选用直接影响教学目标和任务的完成质量。构成体育教学方法的因素一般有三个。

①语言。语言是人们沟通的工具，也是人们认识和理解客观世界的媒介。在体育教学中，无论是教师的教，还是学生的学，都离不开语言。因此，语言是构成体育教学方法的第一因素。

②身体练习。体育教学的最大特点是以身体练习为基础，学生在学习中通过反复的练习，掌握基本技术，并使肌体得到锻炼。要使学生的肌体得到合理的锻炼，教师就必须在教学中合理地安排负荷与休息的时间，而这又取决于教学中对学生身体实际练习的安排。所以，身体练习就构成了体育教学方法的第二因素。

③器材设备。正如其他学科的教学离不开课本、黑板一样，体育教学离不开一定的器材设备，这是进行身体练习的物质条件。在教学实践中，器材设备的安排影响着教学的组织方法，同时器材设备的数量又与教学的密度特别是练习密度有直接的关系。可见，器材设备构成了体育教学方法的第三个因素。

语言、身体练习、器材设备构成了体育教学方法的三个主要因素。这三个因素有机结合，构成了一个不可分割的教学方法整体。所以，只有全面考虑这三个因素，统筹安排，才能充分发挥体育教学方法的效能。

三、教学方法与教学方式、教学手段、教学法的关系

教学方式是教学方法活动的细节,也就是说,教学方法是由若干个相互联系的教学方式组合而成的,它是一系列的教学活动,能独立地完成某项教学任务,而教学方式本身不能独立地完成教学任务。比如,语言法的讲解、口令和指示、口头评定成绩、口头汇报和自我暗示等,练习法中的重复练习、变换练习等,就是教学方式,而不是教学方法。

教学手段是指为了提高教学方法的效果而采用的各种器具和设备,主要指在教学中传递信息和情感的媒介物,以及发展能力的操作物(包括事物和模型、图表等),也有人称其为教学辅助手段。教学手段所指的是某种物体、工具,而教学方法是对教学手段的运用。所以,教学方法不等同于教学手段。

教学法是教学方法的上位概念,它包括教学的原理、原则和方法。赫尔巴特(Johann Friedrich Herbart)是传统教学论的代表,他提出的"明了(清楚)、联合(联想)、系统、方法"被称为传统教学论的"四段教学法"。他的学生威勒(Tuiskon Ziller)又把它发展为"五段教学法"。杜威(John Dewey)把教学过程分为五个不同阶段,即困难、问题、假设、验证、结论,这就是现代教学论的"五步教学法"。这里的教学法就是教学论,体育教学法也就是体育教学论。体育教学方法是体育教学法或体育教学论中的一个专门讨论体育教学方式、途径和手段的范畴,它们是不同层次的概念。

四、体育教学方法的特点

体育教学方法遵循教学过程的规律和原则,同时又与体育教学活动紧密联系,它与其他学科教学方法既有共同点,又有自身的特点。体育教学方法的特点主要表现为以下几个方面。

(一)操作性

体育教学方法是在体育教学过程中,师生为了完成体育教学任务,实现体育教学内容的有效传递,进行学习及运用的途径和手段,它起着一种桥梁中介作用。体育教学方法与体育教学实践紧密相连,教师和学生将教学方法作用于教学内容。学习体育知识、技术,体育教学方法的作用方式、具体步骤,施用对象的具体要求等,都应是可以操作的,可操作性是体育教学方法的基本特点。评价教学方法好坏的一个重要方面,就是看它是否具有良好的可操作性。体育教学方法的可操作性特点既有利于教学方法作用的有效发挥,也有利于优秀教学方法的推广。

(二)实效性

体育教学的目的任务确定之后,需要借助一定的教学手段,运用教学方法进行实现。也就是说,教学方法的选择和运用不是随意的,在教学过程中所运用的教学方法,要有利于体育教学目的、任务的实现,有利于教学效率的提高,能够调动学生的积极性,保证体育教学的质量。例如,为了让学生了解人体运动时所参与的肌肉群,可以运用挂图等直观法,也可以运用多媒体技术把人体运动时所参与的肌肉群演示出来。如果想加大体育课的练习密度,就可以运用循环练习法。这就是体育教学的实效性特点。如果机械地运用一种教学方法,学生的学习效果也较差,就该考虑是否需要运用其他教学方法或创造新的体育教学方法。运用新的体育教学方法或创造新的体育教学方法时,也要考虑教学方法的实效性。

(三)针对性

体育教学方法的运用应针对不同的教学任务、不同的教学对象、不同的教学过程进行选择。甚至新的教学方法的产生,往往也是为了解决体育教学实践中存在的问题。因此,不同的教学方法有自己独特的功能和适用范围,实现着不同的教学目的、任务。

比如,针对体育知识和体育技术的教授和学习有不同的教法和学法;新授课、复习课、综合课也有不同的教法与学法;所谓"因材施教",是针对不同基础和兴趣的学生有不同的教学方法;对于发展学生的体能和技能,亦有体能类教学方法和技能类教学方法;还有娱乐类教学方法等。因此,针对不同的对象和教学过程,要灵活选择不同的教学方法。

(四)时空性

体育教学方法存在于不同的教学过程当中,甚至在同一教学过程的不同阶段也有不同的教学方法。相对于同一教学过程,有开始、发展和结束阶段。在教学的不同阶段,师生之间的地位发生着规律性的变化,教法和学法也随之起着不同的作用。在教学方法的开始阶段,教师主导地位与作用较明显,随着时间的推移,学生的主体地位与作用逐渐加强。这个过程首先要运用一定的教学方法,诱发学生的内在动力,激起他们的学习欲望与兴趣;然后组织学生参与多种适当的学习活动,使其感知、理解与掌握教材;最后,对学生学习结果给予评定。反过来对照教学目标的完成程度,制订新的教学计划,开始一个新的教学过程，如此循环往复。这样时空交替往复的教学过程，都伴随着体育教学方法的时空特征，都是体育教学方法在发挥着作用。

（五）时代性

教学方法有其产生、发展的历史，体育教学方法亦是如此。不同的历史时期有不同的体育教学方法，这些体育教学方法受不同时期哲学思想、教育理念的影响。尤其近几十年来，随着科学技术的发展，多媒体技术开始进入体育教学领域，这突出体现了体育教学方法的时代性特征。体育教学方法随着社会的变化和体育教学的发展而不断发展，它体现着社会的发展与时代的要求，以及体育学科发展的要求。同时，体育教学目标、任务与教学内容也在影响着体育教学方法的产生和发展。所以说，体育教学方法不是一成不变的，在体育教学实践中，教师必须根据时代精神和体育学科的发展需要，勇于开拓，推陈出新，使体育教学方法更能适应体育教学的实际需求。

第二节　体育教学的基本方法

一、体育教学中的指导法

体育教学中的指导法，是指教师对学生的学习进行指导的一种方法，教师对学习的指导，主要是通过语言法、直观法、完整法、分解法、预防与矫正法来实现的。

（一）语言法

语言法是教师在教学中运用各种形式的语言指导学生学习的方法。在体育教学中，教师正确地运用语言法对顺利完成教学目标，提高教学效能有重要的意义。它一方面能使学生明确学习目标，产生学习兴趣；另一方面，又可启发学生的学习思维；同时，还有利于培养其分析问题和解决问题的能力。体育教学中语言法的形式主要有讲解、口令和指示、口头评定成绩、口头汇报等。

1.讲解

讲解是指在体育教学中，体育教师用语言向学生说明教学目标、动作名称、作用、要领、方法、要求，以指导学生进行学习的一种方法。讲解是体育教学中运用语言法的一种最主要、最普遍的形式。体育教学中常用的讲解法有以下几种。

①直陈法。用简明扼要的语言直接陈述。多用于对简单动作的讲解，以及对课程的目标、内容和要求等的宣布。

②分段法。把教学的动作分成若干段落，逐段解决。多用于较复杂动作新授阶段的教学。

③概要法。归纳出动作技术要领，概括讲解。多用于动作技术复习阶段。

④侧重法。在进行分段讲或概要讲时，突出重点、难点和存在的主要问题。此法有利于学生有重点地学练，掌握动作技术。

⑤对比法。把相对的两个方面加以比较，指出其中的异同。此法可以加深学生对问题的理解。

⑥提问法。向学生提出问题后再进行讲解。此法能强化学生记忆。

⑦联系法。根据教学需要联系实际进行讲述。多用于一节课的导入或结束时，亦可用于鼓励学生改正错误。

此外，还有比喻法、复述法、引证法、鼓动法、收敛法等讲解方法。在体育教学中教师可根据实际需要，分别或综合运用。

体育教学中对讲解的要求如下。

①讲解要目的明确并具有教育性。在体育教学中，教师讲什么，讲多少，怎样讲，都要根据教学的具体目标、内容、要求，以及学生的实际，有的放矢地进行讲解。

②讲解要生动形象、简明易懂。体育教师要使用体育专业术语，广泛采用比喻、口诀、概要等形式进行讲解。讲解时要突出教学的重点、难点、关键点，要口齿清楚、用词贴切、层次分明。

③讲解要富有启发性。讲解时教师要善于设问质疑。可通过提问、引导、联想等方式使学生积极思考，将学生的看、听、想、练有机地结合起来，以取得良好的讲解效果。

④讲解要注意时机和效果。

2.口令和指示

口令和指示是教师以最简明的语言、命令的方式指导学生学练的一种语言法形式。例如，队伍的调动，队形的变换，体操、武术、舞蹈、韵律操的练习等。教师在运用口令指示时，要声音洪亮、节奏分明，发音准确有力。

3.口头评定成绩

口头评定成绩是指体育教师根据教学目标和要求，以简明的语言评价学生学练成绩和行为的一种语言法形式。

例如，在学生练习过程中或练习之后，教师用"很好""注意低头含胸""用力推手"等一句话来评价。教师的这种评价有利于激发学生的学习兴趣，使学生及时了解自己的不足，提高学习效率。教师在运用此法评价学生时，要以鼓励为主，并指出学生的主要缺点和不足。

4.口头汇报

口头汇报是指体育教师要求学生根据教学的要求和对动作学习的体验，简要分析说明自身见解的一种语言法形式。这也是促进师生信息交流，培养和提高学生语言表达能力、自我分析和评价能力的一种有效的方法。

（二）直观法

直观法是指在体育教学中，借助于各种感觉器官，利用各种直观方式和学生的原有经验，来感知动作的教学方法。体育教学中常用的直观方式有动作示范、教具和模型的演示、电影和电视录像等。

1.动作示范

动作示范是以具体动作为范例，指导学生进行学习的一种方法。

在体育教学中，教师的每一次示范都要有明确的教学目的，做什么示范，怎样示范，均要依据课程的目标、教学的进程、学生的水平等有针对性地安排。通常在教学初期，为了使学生了解学什么并建立完整的动作概念，可选用常速示范。为了使学生进一步了解动作的结构、时空特征，掌握学习的方法，可采用慢速示范。而为了突出教学的重点和难点，纠正学生的错误动作，则可采用分解示范或静止示范，以突出错误所在，引起学生的注意。

示范要正确、熟练并具有感染力。对于动作示范的正确性的理解，应从两个方面入手：一是示范动作要符合动作的技术规格和技术要求；二是示范动作的难易程度、达到的标准、展示的重点，以及示范的方法等，要以学生的实际需要为依据，低于或高于学生的需要的示范都是错误的。此外，示范要做得轻松、优美，具有感染力，这样才能提高学生的学习兴趣。

示范要与讲解相结合。在教学实践中，根据教学目标、练习的内容以及学生的身心特点，采用先讲解后示范、先示范后讲解、边讲解边示范等讲解与示范相结合的方式，可充分调动学生的视觉、听觉等感知觉，提高教学效果。

2.教具和模型的演示

教具和模型的演示是通过挂图、图表、照片、模型等直观教具所进行的一种直观再现动作的方式。当动作技术较复杂，动作示范难以充分显示动作的结构、过程、细节、时间与特征时，就可以借助教具和模型的演示。教师要根据教学的实际需要选择、使用教具、模型，并注意演示的程序、时机，以提高教具模型演示的直观效果。

3.电影和电视录像

电影和电视录像是利用现代化的电化教学手段进行直观教学的一种方法。视听工具可以完整、准确地再现和重复动作。对于一些复杂的动作，教师还可以调控速度或停止画面进行分析。这对于激发学生的学习兴趣，启发其思维并加深对问题的理解，效果显著。

（三）完整法

完整法是指从动作开始到结束，不分部分和段落，完整地、连续地进行教学的一种方法。完整法的优点是，能使学生完整地掌握动作，不至于破坏动作结构。其缺点是不易于学生较快地掌握动作技术中较为复杂的要素和环节。完整法一般在动作技术较简单，或动作技术复杂却又无法进行分解教学，以及对动作分解教学后又连接起来完整掌握时采用。运用完整法时，对于较简单的动作，教师在讲解、示范后，即可让学生完整地进行练习。对于较复杂的动作，为降低教学难度，可采用以下几种做法。

1.突出教学重点

教学中可先要求学生掌握技术基础部分，再逐步掌握技术细节，或首先强调动作的方向、路线等要求，然后再要求动作的幅度和节奏等。

2.简化动作要求

例如，对于跑步可缩短跑的距离或降低跑速，对于跳高可降低横杆的高度，对于投掷可减轻器械的重量，球类战术配合可采用先去掉防守队员的徒手练习等。

3.采用各种辅助和诱导性练习

在对不能分解的复杂动作进行完整的教学时,可事先或随时选择基础性的动作或者动作性质和结构相似的简单动作,以进行辅助和诱导练习,达到尽快掌握复杂动作的目的。

(四)分解法

分解法是把一个完整的动作合理地分成几个部分(或段落),按部分逐次进行学习,最后达到全部掌握的一种教学方法。分解法教学的优点是,可简化教学过程,缩短教学时间,提高学生学习的信心,使学生较快地掌握动作。其缺点是易使动作割裂,破坏身体练习的技术结构,影响动作技能的表现形式。分解法适用于动作较复杂而用完整法学习又不易掌握动作的情况,或动作的某部分需要加强等情况。分解法通常可采用纵向分解和横向分解两种方法。

纵向分解是按照动作技术的结构,把教学内容分成若干部分。例如,可把侧向滑步推铅球的动作分为三个部分:第一部分为准备部分,第二部分是滑步动作,第三部分是最后用力。

这种纵向的分解练习又有以下三种形式:

①单纯分解法,即先学第一部分,再学第二部分,然后学第三部分。各部分逐一学会后,最后合起来进行完整练习。

②递进分解法,即先学第一部分,再学第二部分,然后将一、二部分合起来教学,掌握后再教第三部分,最后将一、二、三部分进行完整学习。

③逆进分解法,即先学最后一部分,然后逐次向前学到最前一部分,直至完整掌握。

横向分解将动作按身体部位分为上肢动作、下肢动作、躯干动作等若干部分,分别或有侧重地进行教学,最后完整掌握动作。

在复杂动作的教学中，为使学生较快地掌握动作，纵向分解和横向分解往往是结合使用的。

（五）预防与矫正法

预防与矫正法是指教师针对学生练习中产生错误动作的原因，有针对性地选择有效的手段，及时矫正错误动作的一种方法。学生在学习掌握动作技术时，出现这样或那样的错误动作是正常的，体育教师要采取有效的措施，及时加以预防和矫正。否则，不仅不利于学生掌握正确的知识、技能，还会产生伤害事故，影响学生健康。因此，教学中必须采取有效的措施，预防和矫正学生出现的各种错误。为了有效地预防和矫正错误，首先要分析产生错误的原因。通常情况下，产生错误动作的原因是多种多样的，概括起来有以下几个方面。

①思想方面的原因。学生学习目标不明确，积极性不高，怕苦、怕累、怕受伤，缺乏信心，有畏难情绪。

②技能方面的原因。学生对所学动作技术的概念、要领和方法不清楚，或受到旧技能的干扰等。

③体质、素质方面的原因。学生的身体素质和运动能力达不到相应的水平。

④教学法方面的原因。教师所选教材不适合学生，教法步骤的安排缺乏系统性、科学性，组织教法不当等。

⑤环境方面的原因。主要受场地、器材设备等教学条件和周围环境与季节气候的影响等。

针对上述原因，教学中，教师要采用相应的方法进行预防和矫正：加强思想教育，采取安全保护措施。通过多种教法手段，使学生形成正确的动作概念；通过分解练习、诱导性练习以及转移性练习等手段，消除学生的紧张情绪。加强基本技术教学，全面发展学生的身体素质。努力提高授课质量、科学选配教材，合理安排教学过程。优化教学环境，设法创建良好的教学条件。

教师在具体预防与矫正学生错误动作时，要注意三点：①对症下药，有的放矢；②抓住主要错误，各个击破；③要耐心细致。

二、体育教学中的学习法

体育教学的学习法是根据完成目标的需要，通过身体和思维活动对动作进行学习的方法。体育学习中，学生掌握动作技术，锻炼身体，增强体质，以及培养良好的意志品质和调节心理活动等，都需要对动作反复学、练，并运用思维活动来实现目的。所以，学习法对实现体育教学的任务具有重要的意义。学习法是体育教学中特有的方法，包括学法和练法。体育教学中常用的学法有观察法、阅读法、参观法、实习法。练法主要有重复法、变换法、持续法、间歇法、游戏法、比赛法与循环法等。下面主要对练法进行论述。

（一）重复法

重复法是指根据练习的需要，在相对固定的条件下，反复进行练习的一种方法。相对固定的条件有动作的结构、场地、器材、运动负荷的表面数据等。例如，用同一速度跑五个 100 m，在一定高度上（如 1.50 m）用同一姿势（如背越式）反复进行跳高练习等。重复法的特点是，练习的条件固定，并反复进行练习，且每次练习的间歇时间没有严格规定。重复法的主要作用是，有利于教师观察，帮助学生改进动作技术；有利于学生在反复的练习中掌握和巩固动作技术，发展体能，培养意志品质。

因此，重复法通常在掌握动作技术、技能和发展各种身体素质时采用。重复法又分为单一重复练习、连续重复练习和间歇重复练习三种不同的形式。

1.单一重复练习

单一重复练习是对同一动作的每一次练习后，都进行休息的重复练习法。此法的特点是练习持续的时间短，练习数量少，运动负荷较小。因此，单一重复练习多用于动作的初学阶段。

2.连续重复练习

连续重复练习是在多次重复某动作之后再进行休息，然后再连续重复练习的一种方法。该练习的主要特点是练习持续时间较长，练习的重复次数较多，练习密度和运动负荷较大。连续重复练习多用于具有周期性特点的动作教学，如跑的练习；用于非周期性项目动作教学时，可根据教学需要人为地赋予其周期性特点，连续地进行重复练习，如连续做乒乓球的挥拍练习等。该方法既可以加速学生动作技能的形成和巩固，又可提高其神经系统和心肺功能，还能够提高学生的身体素质。在教学初期运用连续重复练习时，要注意控制好连续重复的次数。

3.间歇重复练习

间歇重复练习是在练习后安排相对固定的间歇时间，再重复进行练习的一种方法。该方法对提高学生的心肺功能、身体素质，以及培养学生的意志品质，均具有重要作用。运用间歇的重复练习关键是要根据教学、锻炼的需要和学生的负荷能力，安排好间歇时间。

（二）变换法

变换法是指根据练习的需要，在变换的条件下进行练习的方法。变换的条件通常有动作形式及组合结构、运动负荷的表面数据、环境、场地、器材等。变换法的特点是练习条件的变换。因此，它可以有效地提高学生中枢神经系统和身体各器官系统间的协调能力、对环境和负荷的适应能力，以及练习的积极性和运动技术水平。变换法有连续变换和间歇变换两种形式。

第一种形式是连续变换法，连续变换法是指在练习条件不断变化的过程中进行练习的方法，如越野跑中环境的不断改变等。

第二种形式是间歇变换法，间歇变换法是指间歇后改变运动负荷的表面数据或动作形式、组令，再进行练习的方法。

在体育教学中，无论是采用连续变换法还是间歇变换法，均要注意以下几点要求。

①要选择安排好变换的条件和间歇后的运动负荷。

②用于改进动作技术时，要对变换的条件做出明确的限定。

③用于发展学生体能时，要使运动负荷符合练习的要求，以及学生的负荷能力。

（三）持续法

持续法是指在相对较长的时间内，用较稳定的强度，不间歇地连续进行练习的一种方法。持续法的特点是练习时间相对较长，一次练习的量较大，但强度相对较稳定，一般在60%至70%之间。因此，运用持续法可使学生心血管系统和呼吸系统的功能得到稳步的提高。持续法用于周期性项目中发展一般耐力的教学以及球类项目的教学。

具体运用时，应注意以下几个方面：首先，因人而异，控制好负荷强度。在体育教学中，要依据不同教材、季节气候和学生的体质妥善安排运动负荷。如果练习强度较大，就要缩短练习时间，而当延长练习时间时，练习强度就不能太大。其次，加强医务监督。教师在教学中要善于观察学生练习时的生理、心理反应，及时进行调整。再次，加强思想教育。由于持续法较枯燥，因此教学中除广泛采用多种练习组织形式，还应不失时机地向学生进行吃苦耐劳、坚韧不拔的意志品质教育。最后，培养学生自学、自练、自控的能力。教学中应向学生传授持续法的基本知识以及控制与调节运动负荷的方法，使学生自觉、科学地参与练习。

(四)间歇法

间歇法是指在一次(组)练习之后,严格控制间歇时间,在身体未完全恢复的情况下又进行下一次练习的方法。间歇法由每次练习的时间和距离、练习重复的次数和组数、每次练习的负荷强度、每次(组)练习的间歇时间,以及间歇时的休息方式五大要素构成。由这五个要素,可组成无数不同的间歇练习方案。间歇法的主要特点是,在每次练习时有间歇,但必须控制间歇时间和休息方式。

由于间歇法对身体的影响较大,所以,运用该方法时,应注意以下几点:
①根据教学目标确定间歇法的五个因素的参数。
②根据学生的实际去安排、调节和控制间歇时间。
③间歇时应采用慢跑、走步、放松等积极性休息方式,以加快乳酸的排除。

(五)游戏法

游戏法是指在体育教学中以游戏组织学生进行练习的一种方法。游戏法的主要特点是有一定的情节性、思想性、竞争性和娱乐性,且有一定的规则限定,常有较大的运动负荷。因此,游戏法能有效地调动学生练习的积极性,培养学生的创造性、集体主义精神,以及勇敢、顽强、机智、果断的意志品质。

在体育教学中,运用游戏法时应注意以下几点要求。
①游戏内容要有一定的情节,应按教学的意图和计划来组织游戏者的活动。
②严格遵守游戏规则,在规则允许的范围内发挥主动性和创造性。
③应不失时机地利用游戏对学生进行思想品德教育。
④要注意通过游戏内容、规则、时间、器材、场地等间接途径控制和调节运动负荷。

（六）比赛法

比赛法是指在比赛条件下组织学生进行练习的一种方法。比赛法的主要特点是具有"竞争"因素，参加者的情绪高涨，影响心理状态的因素要比游戏法多。体育教学中采用比赛法的形式是多种多样的，可以是游戏比赛，也可以是教学比赛或专门组织的测验比赛；可以是个人与个人之间的比赛，也可以是小组与小组之间的比赛；此外，按教学的具体目标和动作性质，既可以比快、比高、比远，也可以比完成动作的质量或比教学的组织纪律性。

在体育教学中，运用比赛法应注意以下两点要求。

①应根据教学目标、学生的特点和具体条件，正确、灵活地运用各种比赛形式和方法，并注意在比赛过程中，贯彻教学要求。

②要明确比赛规则，在比赛过程中进行公正的评定。

（七）循环法

循环法是指在体育教学中，教师根据教学要求，选择若干练习或动作，分设若干作业点，要求学生在每个作业点上完成指定的练习内容和任务，然后再转到下一个作业点去。做完一轮可再重复下一轮练习。循环法的练习方式很多，最基本的有流水式循环和分组轮换式循环两种。流水式循环是按练习顺序、路线、要求排成一路纵队，依次循环练习。

循环法，既是一种练习方法，又是一种教学组织形式。它的主要特点是，能有效地增大练习密度和运动负荷。同时，循环法采用的大多是学生已基本掌握的、简单易行的，并具有一定针对性的练习。

循环法既可采用流水作业的形式，也可用分组轮换的形式进行；既可连续进行练习，也可间歇地进行练习。

无论采用何种组织形式，在具体运用循环法时，应注意以下几点要求。

①应根据练习的目标要求和学生的实际,选择确定练习的站位,练习的数量、强度,练习的手段,以及循环练习的方式。

②各作业点选用的练习手段应简便易行,要尽可能使练习手段对身体各部位以及发展各素质具有不同的影响。

③各练习站连续完成练习的运动负荷,可从学生最大负荷能力的 1/3 处开始,练习过程中可逐步增大,但一般不超过 2/3。

三、体育教学中的教育法

培养德智体美劳全面发展的人才,是我国的教育目标。体育是学校教育的重要组成部分,发展学生个性,对其进行良好的思想品德教育是体育教学的基本任务之一。在体育教学中,有计划、有意识地对学生实施思想教育,有利于使学生树立正确的世界观、人生观、价值观,培养他们积极进取、团结互助、坚韧不拔的优良品质,从而为迎接现代社会的挑战打下良好的思想基础。在体育教学中,对学生实施思想教育的方法有很多,基本的方法有说服法、榜样法、评比法、表扬法、批评法。

(一)说服法

说服法是通过摆事实、讲道理等说教形式影响学生言行的一种方法。体育教学中的说服法通常采用讲解、座谈、讨论、谈话等方式。具体运用时应注意以下几点要求。

①说教时应观点明确,联系实际,符合学生特点。

②运用座谈或讨论方式教学时,应鼓励学生积极发言,并对问题及时总结。

③要注意以事实为依据,以道理做引导,热情、耐心地实施教育。

（二）榜样法

榜样法是用英雄事迹、模范行为、先进事例等对学生进行鼓励、教育的一种方法。榜样的力量是无穷的。由于青少年的世界观、人生观、价值观正在形成时期，可塑性强，模仿性强，所以榜样对其有很大的感召力。

在体育教学中，运用榜样法时应注意以下几点要求。

①体育教师要以身示教，要通过自己的言行举止、教态、修养潜移默化地影响学生，发挥自己的楷模作用。

②要不失时机地表扬先进，树立典型，使学生学有榜样。

③应实事求是，切忌把榜样特殊化。

（三）评比法

评比法是利用竞赛、检查、评估等方式对学生在体育教学中的思想行为进行比较评价，以鼓励先进、激励后进的一种教育方法。青少年好胜心较强，运用评比法可在学生中形成一种你追我赶的竞争氛围，能对学生起到良好的激励作用。

在体育教学中可进行竞赛评比的内容有很多，既可在班与班之间进行，也可在小组之间或个人之间进行，既可进行组织纪律性评比，也可进行贯彻执行教学常规的评比，又可进行爱护场地器材的评比等。此外，还可根据情况，进行优秀体育班级、优秀体育小组、优秀体育骨干和体育积极分子的评比。

体育教学中运用评比法应注意以下几点要求。

①评比要有明确的目的。评比是一种教育手段而不是目的，要通过评比起到一定的宣传教育作用。故运用评比法时，要有计划性。对于评什么，怎样评，达到什么预期结果等，均要有具体的操作计划。

②评比要有明确、具体的条件，要利于学生公平竞争。

③评比时,要发扬民主,让大家充分发表意见。
④对评比的结果要及时公布和总结,以扩大评比的影响。

(四)表扬法

表扬法是对学生的优良思想行为做出肯定评价,以达到强化教育效果的一种教育方法。表扬能增强学生的自信心和自尊心,鼓励学生不断上进,并营造一种蓬勃向上的良好氛围。体育教学中的表扬法可通过口头称赞、点头、微笑、鼓掌等方式进行。运用时应注意以下几点要求。

①表扬要及时。教师要善于捕捉学生身上的"闪光点",不失时机地给予肯定和鼓励。
②表扬要适当。教师对于学生的表扬要实事求是,不要过分夸大。
③表扬时要适当指出缺点和不足。

(五)批评法

批评法是对学生的不良思想行为做出否定的评价,以帮助学生克服和改正缺点、错误的一种教育方法。批评能使学生认识到自己存在的不足,产生一种羞耻感,从而刺激其尽快地改正错误。体育教学中的批评法可通过当众批评、个别批评、表情、眼神、手势等方式进行。运用时应注意以下几点要求。

①教师批评学生要从爱护的角度出发。要通过批评使学生明白错在哪里,为什么错,有何危害,如何改正,以使其能尽快改正错误。
②教师的批评要使学生心悦诚服,教师在批评学生前一定要深入调查情况,弄清事实,有理有节。
③教师的批评要注重方式。青少年学生的自尊心较强,教学中要以表扬为主,批评为辅。最好以表情、眼神及个别批评的方式进行,尽量不要采用当众

批评的方式，更不应该采用体罚的方式。

体育教学方法是不断发展和完善的。近年来，随着体育科学的发展和体育教学改革的深入，国内外的体育教育者在教学实践中研究总结了一些新的方法，如情境教学法、发现式教学法、分级式教学法、"插秧"教学法等。这些方法的出现和运用，对我国体育教学方法的丰富和完善起到了积极的推动作用。"教学有法，但无定法"，体育教学的各种教学方法，在教学实践中常常是结合使用的。任何一种教学方法都不可能是万能的，体育教师应不断地总结教学实践经验，注意吸取国内外先进的教学思想，依据客观事实，从实际出发，灵活地、创造性地运用各种教学方法。

第三节　体育教学方法的选择与应用

一、体育教学方法的选择

（一）正确选择体育教学方法的意义

在体育教学实践中产生了大量的体育教学方法，随着教学改革的不断深入，又会有新的体育教学方法产生。因而，在体育教学中，体育教师能否正确选择教学方法，就成为影响体育教学质量的关键因素之一。

实践证明，只有按照一定的科学依据，综合考虑教学的各有关因素，选取适当的教学方法，并能合理地加以组合，才能够使教学效果达到最优。相反，如果毫无根据地使用教学方法或错误地选用教学方法，则会给体育教学活动造成不利影响。正是从这个意义上来说，教学的成败在很大程度上取决于教师是否能妥善地选择教学方法。所以，每个教师都必须学会科学地、恰当地选择教学方法。

(二) 体育教学方法选择的依据

1. 根据具体的体育教学目标、任务进行选择

当前，我国体育教学目标是通过体育教学向学生进行体育卫生、保健知识教育，从而增强学生体质，促进学生身心发展，培养德智体美劳全面发展的社会主义建设者和接班人。这是我国各级各类学校的共性目标。体育教学目标又分为学期的、单元的、课时的目标。不同的教学目标和任务要选择不同的教学方法。例如，如果教学目标强调对学生个性的培养，则可以选用发现法、启发式教学法、学导式教学方法等。如果教学目标强调在授课过程中帮助学生建立初步的动作定型，则可以运用讲解法、动作示范法、完整法、分解法等体育教学方法。如果教学目标只强调对体育卫生、保健知识的传授，则只需要选用讲解法等。因此，教师要根据不同的教学目标和任务，选择不同的教学方法。

2. 根据学生的实际情况选择教学方法

体育教学方法要体现实效性特点，归根结底，是要看学生学习、掌握体育知识与技术的情况。因此，教学方法要适应学生的基础条件和个性特征，在选择体育教学方法时，要根据学生现有的体育知识水平、智力发展水平、年龄特征、心理特点等综合考虑。要从学生的实际出发，尊重学生的差别，以更好地调动学生的学习积极性，提高教学效果。体育教师在"备教材""备课堂""备学生"时，一定要对学生的实际情况做到心中有数，正确选择和运用体育教学方法。

3.根据体育教师自身的素质选择教学方法

体育教学中的教学方法都需要被体育教师理解和掌握，这样才能有效发挥体育教学方法的作用。有的教学方法虽好，但如果教师掌握不了，驾驭不了，就不能在体育教学实践中产生良好的效果。因此，体育教师的特长、弱点都应成为选择体育教学方法的重要依据。例如，发现法不适合不善于设置问题的教师。因此，教师在选择教学方法时，应根据自己的实际优势，扬长避短，选择最适合自己的教学方法。同时，教师要不断提高自身的素质和水平，丰富适合自己的教学方法，并根据实际情况改造现有的教学方法，形成自己的教学风格。

4.根据教学条件选择体育教学方法

体育教学方法的运用需要借助一定的媒介，体育教学方法的选择要考虑学校的实际条件，如学校的教学器材、场地设施等。这些教学条件的满足，为教学方法的运用提供了必要的物质条件，是教学方法发挥作用的基础。因此，体育教师应合理地开发利用这些教学资源，特别应充分使用电化教学、多媒体技术等现代化教学手段，进一步开拓教学方法的功能和范围，提高体育教学方法的效果。

二、体育教学方法的应用

（一）运用体育教学方法要树立整体意识

实践证明，合理地运用多种体育教学方法能更好地完成教学任务，实现教学目标。在体育教学过程中，体育教学目标的实现、体育知识的传授、体育学科能力的培养，不可能只依靠一种教学方法，必须把多种教学方法合理地结合起来。每一种教学方法或每一类教学方法，都有各自的功能、特点、适用范围。同时，体育教学内容不同，教学对象、条件不同，所选择的教学方法也不同。

为了有效地完成教学任务，教师必须树立整体意识，探索多样化的教学方法，注意各种教学方法之间的有机配合，充分发挥体育教学方法体系的整体功能。例如，如果既要提高学生的体能，又要提高学生的技能，就应该把体能类教学方法和技能类教学方法合理结合起来，使体育教学方法的作用发挥到最大。

（二）运用体育教学方法必须将启发式作为指导思想

体育教学中的具体方法很多，但不论采用什么教学方法，都必须将启发式作为总的指导思想。启发式是相对于注入式而言的，它不是一种具体的教学方法，而是运用教学方法的指导思想。所谓注入式，是指教师从主观出发，把学生看成单纯接受知识的"容器"，无视学生在学习中的能动作用。而启发式则相反，它是指教师从学生的实际出发，采取各种有效的形式去调动学生学习的积极性、主动性，引导学生通过自己积极的身体活动和体验，掌握体育基础知识、技术的教学方法。在体育教学中将启发式作为指导思想，能培养学生思考问题、分析问题、解决问题的能力，有效地提高学生的体育学习能力。

（三）运用体育教学方法要随时注意学生的外部表现和心理活动变化

在运用体育教学方法的过程中，教师既要考虑学生的外部活动和表现，又要考虑学生心理活动的变化。学生的外部活动主要表现在注意力变化、情绪变化、动作质量、出汗程度、脸色变化等方面上。最难观察的就是学生的心理活动变化。这些活动和变化如果是良性的，则会对提高体育教学质量起着积极促进作用；相反，如果处于不良状况，则会严重影响体育教学的质量和效果。因此，教师在运用体育教学方法时，要把指导学生外部活动的方法与激发学生内部活动的方法结合起来，根据学生内外活动的变化不断调节两者之间的关系，控制影响学生的内部因素和外部因素，使学生积极主动地学习。

（四）要根据学生掌握知识、技能的程度运用不同的体育教学方法

学生对体育基础知识、技术的学习和掌握是有一个过程的。在这个过程中，他们对体育知识、技术掌握的程度也是不一样的。他们对体育基础知识的掌握和运用，往往要经历一个由不懂到一知半解再到全懂，由不会运用到基本上会运用再到能比较熟练地运用的过程。这是一个由量变到质变的循序渐进的过程。而他们对运动技能的学习和运用，则经历了粗略掌握动作的阶段、改进和提高动作的阶段，以及巩固运用自如的阶段。

学生在开始的阶段，往往以模仿教师或者同学的动作为主，对动作技能的掌握比较生疏，经过多次反复的练习，形成动作技巧以后，他们就可以摆脱模仿动作的模式，逐渐地对动作熟练起来，达到自如地运用动作的目的。因此，体育教学方法的运用要注意学生对运动技能掌握程度的变化，在学生还比较生疏的时候，灵活地运用教学方法激发他们学习和练习的兴趣，并给予他们帮助，然后逐渐放手让学生自己练习，运用一些方法培养学生独立运用体育技术的能力。

第四节　体育教学方法改革的特点与发展趋势

20世纪中叶以来，科学技术突飞猛进，知识日新月异，传统教学方法已不能满足时代的要求。学校体育教学方法的改革一直是广大体育教师十分关注的问题，也是体育教学论中非常重要的理论问题。体育教学方法的改革，要改变

传统的教育理念，解放思想，大胆创新，树立素质教育、终身体育的指导思想，在继承传统体育教学方法的基础上，实现教学法、锻炼法、教育法等体育教学方法的有机结合，把体育教学方法的改革推向深入。

一、体育教学方法改革的特点

（一）体育教学方法个性化

重视个性化是现代体育教学方法改革的一个重要特点，它有别于整齐划一、呆板的传统体育教学方法。传统的体育教学方法强调以教师为中心，学生在教学过程中处于被动接受的地位。在现代社会中，生产力和科学技术的迅猛发展，对教育提出了更高的要求，要求培养出众多高质量的人才。

当今世界教育发展潮流普遍重视人的发展，重视发展学生的个性，把个性发展看作创造力的源泉。为了适应教育改革对体育教学的新要求，体育教学方法的改革，也必须重视个别差异，发展学生个性，这是现代体育教学方法改革的必然选择，也是体育教学方法改革呈现出的重要特点。体育教学方法改革的个性化要求，是根据现代教育心理学关于人的心理个别差异理论提出的。所谓个别差异，是指人们在共同的心理活动中所表现出来的彼此不同的心理特点。这些特点表现在认识、情感和意志的形成过程中，就形成了各种心理品质，而每个人区别于他人的最重要的特点就是个性心理特征的不同。体育教学方法个性化，就是根据学生的个性差异，改革和创造体育教学方法，恰当地选择和运用能使学生得到充分发展的体育教学方法。

（二）体育教学方法的开放性

体育教学方法改革所呈现出的开放性特点，强调把现代体育教学方法作为一个开放的系统,加强吸收现代化的教育理论,贯彻现代教育思想、观念,重视知识的更新,提高体育教学方法的理论深度和品位。同时,要不断与其他学科的教学方法进行交流和借鉴,扬百家之长,改自身之短。体育教学方法改革的开放性,不仅要继承和发展原有的体育教学方法,还要不断地创新体育教学方法。体育教学方法的开放性,决定着体育教学方法会随着社会的进步、教育科学的发展而不断趋于合理、科学,从而不断地更新、发展。

(三)体育教学方法的现代化

科学技术的飞速发展使我们逐渐走向一个学习化的社会,体育教师仅仅依靠讲解、示范,以及单一的教学设施已经无法适应这种社会变革了。只有依靠现代科学技术尤其是信息技术,改革传统的体育教学方法使之现代化,才能提高体育教学效果,大大提高体育教学的有效性,才能满足学习化社会的需要。体育教学现代化特点主要表现在:①现代视听教学设备在体育教学中的广泛应用,体现为教学设备的现代化。从幻灯机、电影到录音机、电视与通信卫星,打破了传统体育教学方法的时空限制。②计算机辅助教学的广泛应用,已成为体育教学方法现代化的显著标志。

二、体育教学方法的发展趋势

(一)日趋重视把心理学的成果作为体育教学方法发展的基础

20世纪七八十年代,心理科学研究进入了一个崭新的阶段,人类对自身的认识更为全面和深刻。尤其是对心理学的研究日趋深入,加之教学实践中诸多问题的迫切要求,使人们越来越认识到,教学理论要想进一步科学化,就必须与心理学建立密切联系,使二者相互渗透、相互促进。许多著名的教育家和心理学家，不仅在理论上强调教学理论必须以现代心理学为基础，而且把心理学的理论和研究直接用于教学方法改革与创新的实验研究中。美国心理学家布鲁纳（Jerome Seymour Bruner）提倡的"发现教学法"，就是以结构主义认知心理学为基础的。美国心理学家斯金纳（Burrhus Frederic Skinner）提出的程序教学法，则是以行为主义心理学为基础的。苏联心理学家赞科夫更是把发展心理学、个性心理学研究成果引入教学理论研究领域，在教学如何促进学生发展研究上取得了重大进展。这些建立在心理学基础上的教学方法，正在被体育教学理论吸收，如暗示教学法、发现教学法等。对这些教学方法的借鉴和应用，更加注重体育教学方法对学生的生理和心理发展规律的适应性，以有效地调动学生的积极性。

当前，对体育教学方法的研究，一般把心理学作为自己的学科发展基础。要想创造出优秀的体育教学方法，就必须深入研究教育心理学，尤其是学习心理学、体育心理学。

（二）体育教学方法越来越重视对学生非智力因素的培养

非智力因素有广义和狭义之分，广义上的非智力因素是指有利于人们进行各种各样活动的智力因素以外的全部心理因素的总称。狭义上的非智力因素由兴趣、动机、情感、意志、性格组成。体育教学论已经把培养学生非智力因素作为自己的一项重要任务。理论界十分注重研究和发挥非智力因素的作用，强调激发、利用和发展学生的情感，认为学生的情感和情绪影响学习的效果和质量。

（三）体育教学实验成为创新体育教学方法的主要途径

20世纪50年代以来，世界各国在教学领域开展了各种各样的科学实验，并将此作为实现教学方法科学化的重要途径。从 20 世纪 80 年代初开始，我国学界在体育教学领域也开展了多种多样的教学实验活动，不同规模、不同目标、不同层次、不同方式的体育教学改革实践活动遍布全国各地。一些规模较大、范围较广、类型较多的体育教学实验，不仅促进了体育教学理论与实践的紧密结合，而且克服了传统体育教学方法中的经验主义和空泛化的弊病，大大提高了现代体育教学方法的科学水平和理论水平，保证了体育教学方法的有效性。同时，新构建的体育教学理论，也必须通过教学实验的实践检验，一方面，应寻求将这些理论或方法具体化，并付诸教学实践的操作程序，另一方面，实验的结果又将进一步检验、充实、完善这些理论和方法。

（四）体育教学方法日益现代化

在体育教学领域，幻灯机、录像机已经得到大量的应用，特别是电子计算机的应用，为体育教学方法现代化开辟了新的天地。例如，计算机开发教学系统，把计算机作为课堂演示教具，把容易模糊的概念、教学中的重难点逼真地演示给学生。现代化教学技术手段的运用，使体育教学中信息传导的途径和方式不断增加，传播媒介和手段不断丰富，体育教学方法日益现代化。

第四章　体育教学模式

　　20 世纪 70 年代末 80 年代初，我国的体育教学改革全面展开，这个改革是以体育教学思想转变为先导，以体育教学手段与方法的更新为基础的。但是，经过一段时间后，人们发现这种改革的形态在某种程度上导致了理论与实践研究的脱节。因此，20 世纪 80 年代后期，人们在寻求提高体育教学质量的过程中，发现对体育教学模式的研究可以更好地把握教与学的关系，促进体育教学的优化。

　　20 世纪 90 年代，体育教学领域的研究人员正式提出"教学模式"这一概念，并采取了多种方法推进这一研究。在这些研究人员的努力下，体育界人士对体育教学模式的地位和作用有了更加深刻的认识。

　　近年来，我国体育教学领域的改革日益深化，研究人员围绕体育教学模式理论和实践开展了很多研究，催生了各种各样的体育教学模式。本章主要围绕体育教学模式展开论述。

第一节　体育教学模式概述

一、体育教学模式的含义

当前，在体育教学研究领域中，对体育教学模式的理解是多种多样的。主要有以下几种。

方建新认为，体育教学模式是在一定的体育教学思想指导下，具有一定典型意义且相对稳定的课堂教学结构。它是人们可遵循的标准样式、标准结构。

毛振明认为，体育教学模式是体现某种教学思想的教学程序，它包括相对稳定的教学结构和相应的教学方法体系，主要体现在教学单元和教学课程的设计和实施上。

李杰凯认为，所谓体育教学模式，是蕴含特定体育教学思想，针对特定体育教学目标，在特定教学环境下实现其特定功能的有效教学活动结构和框架，是以简化形式表达的体育教学思想理论和教学组织策略，是联系体育理论与体育教学实践的纽带。

汪文生认为，体育教学模式是在一定的体育教学思想或理论指导下，在特定的条件和环境中，为了实现体育教学目标所建立的相对稳定的教学程序及其方法的策略体系。

综上，笔者认为，体育教学模式可被理解为体育教学组织活动的一整套方法论体系，其实质是在一定教学思想或教学理论指导下，为实现特定教学目标而设计的相对稳定的教学活动程序，是连接体育教学理论和教学实践的纽带和桥梁。

二、体育教学模式的基本特征

随着体育教学理论研究和教学实践的深入，各种各样的体育教学模式不断出现。由于着眼点和侧重点不同，每一种体育教学模式都有自己特定的适用范围与条件。例如，有的适用范围较广，有的则只适用于较特殊的教学情境。尽管体育教学模式种类繁多，但它们都具有以下几个基本的特征。

（一）多样性

任何一种体育教学模式都有一定的教学思想和理论指导，有其特定的使用目标、条件和范围。教学过程本身的复杂性，决定了人们对体育教学过程有多种理解，因此对教学的安排和设计也必然是多种多样的。这又促使学界对众多教学模式进行分类研究。

（二）整体性

体育教学模式不仅仅是一种或几种教学方法的简单组合，而且体现了教学思想、教学目标相互联系的教学过程的结构。因此，体育教学模式具有整体性特征。

（三）操作性

教学模式不是空洞的理论，而是便于把握和运用的具体程序。这是因为体育教学模式，一方面总是从某种特定的角度和侧面来揭示教学规律，比较接近教学实际而被人们理解和操作；另一方面，它的产生并不是为了思辨，而是为了运用。

（四）稳定性

体育教学模式的确立，实际上标志着新型的体育教学过程结构的确立，既然是结构就必然有相对的稳定性。所谓"教学模式"，就是指无论在什么时候运用这种教学，其基本的程序和主要的环节都不应有大的变化（根据学生的情况和教学条件变化做些细微的调整是可以的）。如果某种教学模式在运用对象和时间不同的情况下，都会产生大的变化，就说明这个教学模式还没有真正建立起来。一种教学模式不是对个别人或偶然的教学现象的描述，而是对大量体育教学实践活动的理论概括，因此它在不同程度上揭示了体育教学活动的普遍性规律。这种理论的科学性、规律的普遍性，奠定了体育教学模式稳定性的基础。教学模式只有具有了稳定性，才能为它指导体育教学实践提供可行性的保证。

（五）优效性

体育教学模式一般都是从众多体育教学活动方式中提炼出来的，经过优选的一种模式。一种教学模式只有获得优良的教学效果，才能富有生命力，才能被广大教师认同和运用。优效性特征是体育教学模式的生命所在，如果一个教学模式不是优效的，它就会被淘汰或取消。因此，为了保证优效性，体育教学模式就必须不断地发展和创新。

（六）简明性

体育教学模式的结构和操作体系是以精练的语言、象征性的图像、明确的符号来概括和表达体育教学过程的。这样，既能使那些凌乱纷繁的实际经验理论化，又能在人的头脑中形成一个比抽象理论更为具体的、简明的框架。

三、体育教学模式的结构和功能

（一）体育教学模式的结构

体育教学是一个可控的开放系统，在这个系统中包含了教学思想、教师、学生、课程教材、教法、学法、场地器材及结构程序等要素。体育教学模式的研究就是对体育教学活动中各要素之间组合的整体设计。系统科学整体优化原理认为，任何系统只有通过要素和结构的优化，才能实现整体功能的优化。根据系统科学的原理和体育教学模式的概念、特征，我们认为，体育教学模式主要包括教学思想、教学目标、教学活动程序三个基本要素。假如试图建立一个"发现学习教学模式"，那么启发学生发现思考问题、发展学生认知能力就是这个教学模式的指导思想，这一思想决定该教学模式的性质、研究方法和效果评价，并起到指挥作用。教师可根据指导思想确立教学活动所要达到的教学目标，然后建立一个具有"能让学生发现问题和解决问题"的教学程序，即"设定问题—提出假设—验证学习—集体讨论—得出答案"，该过程既体现在单元的结构中，也体现在课的结构里，形成"发现学习教学模式"的基本轮廓。当上述三个基本方面的要素都具备时，这个教学模式就基本形成了。

（二）体育教学模式的功能

人们将模式引入教学论中是想架起教学理论与教学实践之间的桥梁。所以，教学模式就其功能来讲，具有实践和理论两个方面的功能。

第一，促进体育教学理论向教学实践转化。体育教学理论是人们多年来教学成功经验的总结。随着教育和体育科学的进步，体育教学理论的发展非常迅速，许多相关学科的理论渗透到体育教学理论中来。但在众多理论相互交叉渗透的同时，难免有相互矛盾或难以统一的问题，对此，体育教学理论往往采取折中的方法,用一些难以具体操作的词语来表述,这就不便于在体育教学实践中具体贯彻。采用体育教学模式的方法,可使理论顺利地向教学实践转化。例如,在"合作学习"模式中,对学习体育技术困难的学生采取了十分有效的指导方法,合理落实了"相结合"的问题。

第二,使体育教学经验升华为教学理论。人们能从好的教学法实践研究中提出相应的体育教学模式,提炼出教学实践经验中的精华部分,并对提出的教学模式进行实践验证,经过反复验证的教学模式就可以被推广。由此,可将原本具体、零散的经验上升为教学理论雏形或修正充实原有的理论。

第二节 当代常见的体育教学模式

教学模式是教学论研究的热点之一,近年来,我国体育教育工作者对体育教学模式的研究达到一个新的阶段,大家在借鉴、继承的基础上进行了大胆的创新,逐渐形成了被大家认可的、相对稳定的教学模式。下面根据学者的研究,介绍六种体育教学模式。

一、系统学习体育教学模式

(一)含义及教学指导思想

系统学习体育教学模式是以教师系统讲授、学生系统练习—复现知识技能的一种教学活动体系,此模式也经常被称为"传统体育教学模式"或"传授运动技能教学模式"。该模式受苏联教育思想的影响，比较重视系统的运动技能传授，是一种以系统教学理论为基础，主张遵循学生认识规律和运动技能形成规律，来安排教学过程的教学思想和教学模式。

（二）教学程序

教师通过一些直观教学手段，使学生对所学内容产生感性认识，形成视觉表象；学生通过教师讲解，初步形成动作概念，通过分组模仿练习，体会动作要领；教师指导帮助，纠正错误动作，帮助学生形成正确的肌肉感觉，并要求学生进行完整的动作技术练习；初步掌握动作技能之后，学生对所学内容进行总结评价，反馈信息。

二、程序学习体育教学模式

（一）含义及教学指导思想

程序学习体育教学模式是把教材分成连续的小步子，严格按照逻辑编制程序的一种自动教学活动体系。该模式是以行为主义的操作条件反射学习理论为依据的。程序教学的关键在于，精密设计操作过程，制定强化措施，使学习者通过学习得到外部或内在的满足。

（二）教学程序

将教学内容分解成若干个相互联系的小步子，使之成为学习的逻辑序列，同时建立相应的评估信息反馈系统。教学开始时，学生根据设定的教学程序进行学习，学习后及时进行评价，根据评价结果对学习效果进行即时反馈，如达到了预定标准,则进行下一步的学习,如没有达到标准,则返回去重新学习,并配以相应的矫正措施。实践证明,程序教学模式最能体现精讲多练的教学原则,甚至可以不具体讲解技术动作要领,学生只要按照程序进行练习,就能在潜移默化中掌握技术。

三、发现学习体育教学模式

(一)含义及教学指导思想

发现学习教学模式不是直接把所要学习的内容提供给学习者,而是只为学习者提供有关的线索,由学习者自己根据线索独立地发现问题,经历解决问题的过程,达到提高独立发现问题、解决问题的能力的目的。发现学习教学模式是以布卢姆(Benjamin Bloom)的认知心理学学习理论为基础的。学习就是建立一种认知结构,通过对新教材的不断学习,从它赋予我们的经验中得到规律性认识。学习就是同化和顺应的过程,这种认知结构对学生的学习活动将产生重大影响,有利于知识、技能的迁移。

(二)教学程序

一般在教学中按以下五个程序进行:感知疑难—确定疑难—提出可能的答案—考虑各种结果—选择多种解答方法。教师可通过在教学过程中设置一系列的问题情境,启发引导学生运用比较、分析、综合等逻辑思维方法和归纳演绎等逻辑推理形式,解决问题,获得知识、技能。

四、合作学习体育教学模式

（一）含义及教学指导思想

合作学习教学模式是以尊重学生的个性，深刻体现人道主义精神为宗旨的教学模式。其主要特点是在师生之间建立相互信任、相互尊重的合作关系。这要求教师给学生以温暖和理解，站在和学生完全平等的位置，以真诚的态度对待学生，其理论依据是社会主义的人道主义和个性民主化理论。

（二）教学程序

以"学生分组—小组的学习活动—学习结果的评价"为主线，根据自愿的原则，把学生分成人数不等的若干个小组，练习时以小组为单位结成伙伴或"对子"。发挥小组技术骨干的作用，使优生帮助学习有困难的学生。教学活动多运用小组练习、小组竞赛和小组评价等方法进行。在小组和伙伴的合作中学习，使学习成为学生之间的合作活动，教师则成为学生学习的引导者，重在鼓励学生在和谐的人际关系和愉快的合作学习环境中，完成学习任务。

五、快乐体育教学模式

（一）含义及教学指导思想

快乐体育教学模式是近年在国内外的"快乐体育"思想下形成的教学模式。其教学思想是，主张让学生在很好地掌握运动技能和进行身体锻炼的同时，也体验到运动的乐趣，并通过对运动乐趣的体验，逐步形成终身参加体育锻炼的习惯。该教学模式应该遵循运动情感变化规律和终身体育思想。

（二）教学程序

由于乐趣来源于多个方面，因此使学生体验乐趣的教学途径也是多样的，类似的模式也比较多，但其教学过程的共同特点是具有一个或几个体验运动乐趣的环节，有时这些环节相连接，层层递进，使学生体验到运动、学习、挑战、交流和创造的多种乐趣。

六、成功体育教学模式

（一）含义及教学指导思想

成功体育教学模式是在近年来国内"成功体育"教学思想影响下，开始逐步形成的一种教学模式。该模式主要面向学习有困难的学生，重在创造条件让每个学生都体验到运动学习的乐趣，通过连续获得成功的积累，逐步建立起对学习的自信心。

该模式的指导思想有如下特点：主张让学生多体验成功但不否认过程中的失败；既强调竞争的作用，也重视协同的作用；主张将相对评价与绝对评价结合起来；主张营造和谐的学习氛围；强调既懂又会的学习效果。

（二）教学程序

在教学单元的前期和后期，都有一个经过改造过的练习方法或比赛方法。这些方法多采用"让位"、相对评价等手段，将练习和比赛变成一个让各种学生都能参加并能享受到成功乐趣的活动。通过这些环节，每个学生都有一个针对自己条件的努力目标，能最大限度地激起自身的学习积极性。

第三节　体育教学模式的发展趋势

任何一种教学模式都应是一个不断变化、更新的系统，虽然某种模式一旦形成就具有稳定性，但这并不意味着其内部要素和非本质结构不发生变化。所以，稳定是相对的、暂时的，变化是绝对的，发展是必然的。随着体育教学改革的逐步深入，体育教学理论的发展和教学观念的更新，原有模式中的各要素或结构必然会进行调整、更新，并被不断注入新的内容。现代体育教学模式有以下发展趋势。

一、总体种类趋向多样化

在教育发展史上，夸美纽斯创立了第一个成型的教学模式。其后至 20 世纪 50 年代以前，赫尔巴特和杜威的教学模式先后占据教学实践的主导。在我国，20 世纪 50 年代以后，由于教学实践的需要，新的教学思想层出不穷，人们借助多门学科的研究成果、技术和方法，构建了许多新的教学模式，出现了多种体育教学模式并存的发展趋势。随着体育教学改革的发展，一些先进模式被引进体育教学，先后出现了"发现学习模式""导学式教学模式""协作教学模式"等。任何一种教学模式，只能适用于特定的教学情境，每一种教学模式，都有其自身的优点和不足。不同的体育教学模式之间不是排斥的，而是相互取长、借鉴、补充的，发挥着各自的功能。

二、形成途径趋向演绎化

体育教学模式的形成有两种途径：一是从体育教学实践中归纳，二是从某种理论中演绎。传统的体育教学模式多是从体育教学实践中总结出来的，是归纳型的教学模式。当代出现的一些体育教学模式大都是依据一定的理论构建的，是属于演绎型的。从归纳型向演绎型发展，说明体育教学论及其研究方法发生了变化，研究水平有了提高。现阶段的学校体育要贯彻"健康第一"的指导思想，体育教学要使学生身心得到全面发展，要张扬学生个性，培养学生的创新能力、协作精神和社会适应能力。

三、师生关系趋向合作化

教学过程中关于教师和学生谁是中心的问题，在教学发展史上长期争论不休，存在着两种观点：一种是教师中心论，一种是学生中心论。前者的坚持者有赫尔巴特、凯洛夫等，后者的坚持者有杜威、罗杰斯（Carl Ransom Rogers）等。体育教学中的"注入式"与"放羊式"就是以教师为中心和以学生为中心的两个典型模式，人们从前者那里发现了学生主体地位的丧失和受动性的无止境延伸，又从后者那里看到了教师主体地位的冷落和学生主动性的放任自流。因而，这就促使人们不得不重新审视教师和学生的关系，既重视发挥教师的主导作用，又重视学生学习的积极性，使教师和学生共同合作完成教学任务，由此发展出一个新的现代教学模式。

四、目标指向趋向情意化

现代教学理论研究和教学实践活动都已表明,学生的智力因素与非智力因素在他们的学习活动中都有着积极的作用。现代教学模式的构建过程,改变了传统教学活动中片面强调智力因素的作用,忽视非智力因素对人的发展功能的做法,把培养学生对体育学习的兴趣,激发学生学习动机,使学生树立正确的学习态度、养成良好的体育锻炼习惯放在教学活动的重要位置。无论是教学方法的选择与运用、教学活动的组织与实施,还是教学效果的测验与评价,都应考虑学生的心理需要,注意发挥非智力因素的作用,力争使学生在愉快、积极、向上的情绪体验中掌握知识,发展能力。比如情境教学模式、快乐体育教学模式,均设有一定的问题情境,使教学过程具有复杂、新奇、趣味等特征,在这样的环境下,更能激发学生的学习欲望,促使其以最佳的状态投入体育学习中。

五、技术手段趋向现代化

随着科学技术的发展,越来越多的现代体育教学媒体不断涌现,这不仅大大丰富了教学中信息传递的途径,也促进了体育教学模式的改革。许多体育教学研究者开始了这方面的探索,研究出一些新的体育教学模式,这些模式大多注重运用现代科学技术新成果。研究表明,人类获取的信息83%来自视觉,11%来自听觉,两者加起来就有94%。而且,两者并用,远比分开利用效果好得多。可见,在教学模式的运用过程中,充分利用现代教学手段,将学生的视觉与听觉有机地结合起来,往往会取得更好的教学效果。

第五章 学校体育实践指导——足球

足球运动是一项主要以脚完成技术动作，两队互相对抗，以攻入对方球门多少判定胜负的球类运动。足球运动是世界上最受人们喜爱、开展最广泛、影响最大的体育运动项目，被誉为"世界第一运动"。

现代足球起源于英国。1863年10月26日，英国成立了世界第一个足球组织——英格兰足球协会，并制定了统一的足球规则，这一日也被公认为现代足球的诞生日。1904年5月21日，法国、比利时、丹麦、荷兰、西班牙、瑞典、瑞士7个国家共同创立了国际足球联合会。随后，世界各大洲的足球联合会也相继成立。

第一节 足球运动技术指导

一、传接球技术指导

（一）传球技术指导

传球技术是整个足球运动中比较基础的运动技术。传球的重要性是显而易见的，个人的技术再高，如果没有一定的传球水平，很容易就会被对手包夹，造成失误。任何团队的战术执行都需要传球来支撑，基于这一点，每位成员都应该熟练掌握传球技术。传球的质量在一定程度上也决定了进攻的成功率与防守的质量，在足球比赛的过程中，队员之间传球需要注意的问题主要有以下几点。

①传球应秉承简捷、快速的宗旨。

②后场是整个场区中比较危险的地带，进攻队员在后场进行传球的时候要尽量避免横传或者回传球，尤其是在天气条件不佳的时候，更加应该注意，以保证传球的成功率。

③在进行传球的时候，需要对周边的站位有一个清晰的认识，能够预见防守球员的走位以及同伴的进攻路线，掌握了一定的传球技术之后，尽量减少盲目传球，在保证成功率的基础上进行传球。

④在进行传球的时候需要时刻注意假动作的运用，掩盖进攻方传球的意图与路线，用假动作迷惑对方，以此来达到躲避对方堵截的目的。

（二）接球技术指导

1.腹部接球指导

在激烈的比赛中为了抢点控制球，根据比赛的需要也可以使用腹部接球。

（1）腹部接平空球

当来球比较突然并且和腹部同高时，应先挺腹，在腹和球接触瞬间迅速含胸收腹，将球接下来。

（2）腹部接反弹球

在进行腹部接球的时候，接球者一定要用身体正对来球的方向，并以适当的速度进行跑动，根据来球的方向和速度对球的落点有一个明确的认识、清晰的判断，接球的瞬间，身体稍向前倾，腹部对准落地之后反弹起来的球，提前保证腹部肌肉的紧张程度，避免受伤，然后压着球向前移动，同时也可以在来球的一瞬间，将身体向侧面转动，改变球运行的方向，将球导向同伴的方向。

2.脚内侧接球指导

（1）接地滚球

支撑脚脚尖正对来球，膝关节微屈，同侧肩正对来球。接球腿提膝，大腿外展，脚尖微翘，脚底基本与地面平行，脚内侧正对来球并前迎，当脚内侧面和球接触的一刹那迅速后撤，把球接在脚下（见图5-1）。

图5-1　接地滚球

（2）接反弹球

接反弹球时，接球人应该提前对球的落点进行判断，并冲破一切阻拦来到球的落点位置，支撑脚踏在球的落点的侧前方，上体稍前倾并向停球方向微转，停球脚提起屈膝，脚尖稍翘，脚内侧对准球的反弹路线，当球落地反弹离地瞬间，用脚内侧轻推球的中上部，进行下一动作（见图5-2）。

图5-2　接反弹球

（3）接空中球

在进行接空中球训练的时候，接球人需要有效地根据来球的速度以及球运行的轨迹进行相应的移动，及时快速地移动至正确的位置。如果来球的位置比较高，则应该适当抬腿向前迎接来球，使脚内侧接触球，缓缓将球引到地面上，在这个过程中注意保持身体的平衡，将身体的重心放在支撑腿上（见图5-3）。

图5-3　接空中球

3.胸部接球指导

胸部接球是接高球的一种好方法。胸部接球包括挺胸式和收胸式两种方法。

（1）挺胸式接球

面对来球，两脚左右或前后开立，两膝微屈，重心置于支撑面内，上体后仰，下颌微收，两臂自然张开，维持身体平衡。在接触球的瞬间，膝关节伸直，两脚蹬地，胸部轻托球的下部使球微微弹起于胸前上方（见图5-4）。

图5-4　挺胸式接球

（2）收胸式接球

这种接球方法多用于接齐胸高的平直球。面对来球，两脚左右或前后开立，两臂自然张开，挺胸迎球，触球瞬间收胸、收腹、臀部后移，将球接在体前（见图5-5）。若需要将球接在体侧，则触球瞬间转体将球接在体后相应的一侧。

图 5-5　收胸式接球

胸部接球练习方法：①两个人一组互抛互接练习，根据来球方向迅速跑动，用正确部位触球；②互抛平直球进行反复练习，体会收胸收腹时机；③两个人一组相距 15～20 米互传互接练习，根据传球情况，分别采用挺胸式或收胸式方法接球。

4.脚背外侧接球指导

脚背外侧接球的特点是动作幅度小、速度快、灵活机动、隐蔽性较强，但动作难度较大，接球时常伴随假动作和转体动作，适用于接地滚球和反弹球。

（1）接地滚球

在观察好周边情况之后，根据来球的方向和速度，判断球的落点，尽早选择支撑脚的位置，并根据场上比赛的情况，运用一些合适的动作或者方法技巧进行接球。

在做接球动作的时候，应屈膝，踝关节向内侧翻，用脚背抵挡来球，当球临近的时候，接球脚以脚背的外侧来推拨球的相应部位，最终将球控制在最恰当的位置上，继续进行下一动作（见图5-6）。

图 5-6 接地滚球

（2）接反弹球

在接反弹球的时候，应当判断好来球的落点，进一步抢占最有利的接球位置，或者利用假动作来欺骗对手。接球腿的小腿应该与地面形成一定的夹角，同时膝关节做适当幅度的扣压动作，以防球的反弹（见图5-7）。

图 5-7 接反弹球

脚背外侧接球练习方法：

①利用足球墙进行练习。采用足球墙练习脚背外侧接地滚球，个人距离足球墙5～8米，踢地滚球并等球弹回来，用脚背外侧接地滚球，由开始原地接

105

逐渐过渡到迎上去接。

②两个人一组对面站立，相距 8~10 米，一人踢地滚球，一人用脚背外侧接地滚球练习；由开始原地接，逐渐过渡到迎上去接，再逐渐过渡到向两侧接球。

③个人将球踢高，然后进行接反弹球练习（或用手抛起后练习）。

④两个人一组对面站立，相距 8~10 米，一人抛地高球，一人用脚背外侧接反弹球练习，由开始原地接逐渐过渡到迎上去接，再逐渐过渡到向两侧接球。

5.腿部接球指导

大腿接球可根据不同来球高度分为接下落高空球与接略高于膝的低平球。

（1）接下落高空球

身体正对来球，选好支撑脚位置并稳固支撑，接球腿屈膝上抬，以大腿中前部对准来球。触球瞬间，接球腿积极引撤下放，接球部位的肌肉相应放松，以加强缓冲效果，使球触腿后落于体前（见图5-8）。

图5-8 接下落高空球

（2）接略高于膝的低平球

面对来球方向，根据来球的高度，接球腿大腿微屈，送髋前迎来球，当球和大腿接触瞬间收撤大腿，使球落在相应的位置上。

6.脚背正面接球指导

在进行脚背正面接球训练的时候，接球人需要对球的落点做一个预判，在球下落之前及时赶到落点，使自己保持正确的站位，根据来球的情况，选择接球的部位，通常情况下都是用脚背来接球的，一旦球碰触到脚背的正面，接球腿就要随球下降，这个时候大腿的膝关节、踝关节与脚趾等都需要有一定的紧张度，脚尖稍稍翘起，把球接到最恰当的位置（见图5-9）。

图5-9 脚背正面接球

（三）传接球技术训练

1.跑动中传接球训练

在进行跑动中传接球运动训练的时候，需要两个人一组，共用一球，在特定的空间范围内进行跑动训练，在接球的时候，运动员要想提高接球技术，一定要使用更多接球方法，这在一定程度上也要求传球队员抛出各种各样的球，在球速、传球距离、传球方向以及传球力量上都要有所变化。

2.抛接球训练

在进行抛接球运动训练的时候，需要两个人面对面站位，相距5米左右，一名队员用手向另一名队员抛球，另一名队员可以用胸部、腹部、大腿和脚进行接球，随着训练的深入，抛球队员可适当改变抛球的距离以及抛球的力量，更加全面地锻炼接球人的接球能力。

3.接控球训练

如图 5-10 所示,在进行接控球运动训练的时候,需要 4 人一组。正方形的边长控制在 20 米左右(站位距离可根据运动员的训练水平进行适当改变),4 名队员需要站在正方形 4 条边的中间位置,由②号队员开始进行训练,①号队员沿着边线向前切入,②号从①号身后传斜线地滚球,队员①用同侧脚背外侧接球,向前运球,到边角附近。此时,另一队员④沿边线切入,①号斜线传球给④号。依次轮转训练,练习一段时间后改变跑动方向。

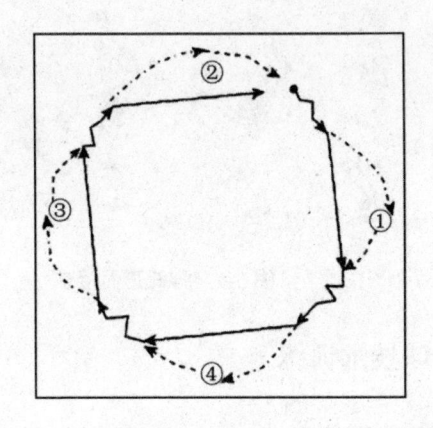

图 5-10 接控球训练

4.对抗中的接停球训练

在进行对抗中接停球运动训练的时候,教员可以将练习者分为 4 人一组,传接球队员之间的距离在 18 米左右(需要根据运动训练的熟悉程度适当加大或减少队员之间的距离)。如图 5-11 所示,防守队员△与接球队员④相距 1 米左右,接球队员②先向后撤几步,然后突然启动向前跑动,接住从④队员处传过来的球,并且竭尽全力将球控制在自己所能控制的范围之内,并在最短的时间内将球传给无球队员③,最后进攻队员与防守队员之间相互交换角色,进行接停球训练。

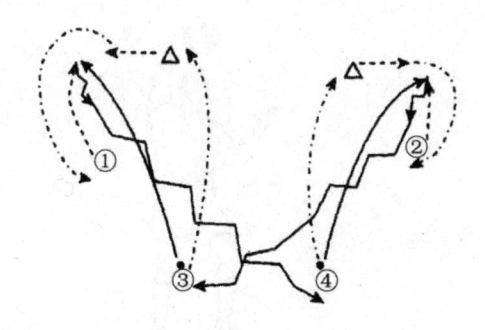

图 5-11　对抗中的接停球训练

二、颠球技术指导

颠球技术就是运动员用身体的多个部位连续对球进行控制和接触,并且保证球不落地,根据接触球部位上的差别,可以将颠球技术分为以下几个种类(见图 5-12)。

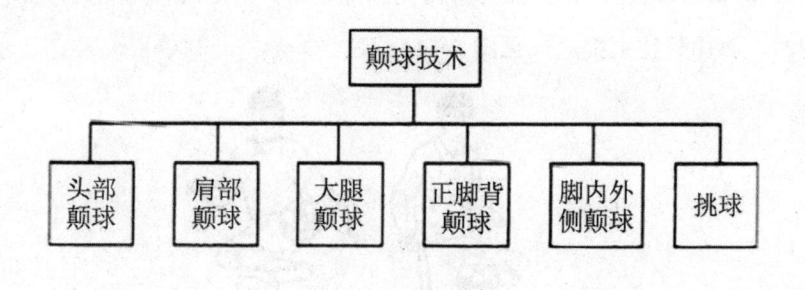

图 5-12　颠球技术

(一)头部颠球指导

两脚开立,约与肩同宽,膝部自然微屈,头部上仰,用前额部位连续顶球的下部。顶球时,用力不要太大,并且注意要始终保持两眼注视球(见图 5-13)。

图 5-13 头部颠球

（二）脚内外侧颠球指导

脚内侧颠球：支撑腿的膝关节要稍微弯曲，身体的重心也要随着支撑脚的独立移至支撑脚上，用脚的内侧向上摆动，击打球的下部，双脚的内侧交替进行击球动作，但是也可以单脚连续击球，类似踢毽子运动。

脚外侧颠球：动作方法与脚内侧颠球相仿，只是改脚内侧为外侧，提脚颠球时，脚由外往上提起（见图 5-14）。

图 5-14 双脚内侧、外侧颠球

（三）挑球指导

挑球就是将自己的支撑脚踏在球的侧后方 25～30 厘米处，膝关节稍微弯曲，将身体的重心前移至支撑脚上，执行挑球的脚放在球顶部，小腿微弯，将球轻轻向身体部位方向拉动。一旦球被脚掌拉动，脚掌就应迅速向后用力，给球一个加速度，当球具有一定的加速度之后，就能通过惯性滚至脚背，此时大腿迅速内收，用脚背将球轻轻挑起。

（四）大腿颠球指导

当球马上要下落至大腿抬起平行于地面的位置时，需要抬腿屈膝，利用大腿的中前部位向上击打球的下部，双腿交替击球，同时也可以用一只脚进行支撑，另一侧大腿进行连续击球动作（见图 5-15）。

图 5-15　大腿颠球

（五）肩部颠球指导

双脚左右开立站位，将身体的重心移动至中间位置，双臂自然下垂或稍屈肘。当球下落到接近颠球一侧的高度时，颠球一侧的肩部向上耸立，击打球的中下部位，迅速将球向上颠起。

（六）正脚背颠球指导

在进行正脚背颠球训练的时候，需要双脚交替向上摆动，用脚背进行正面击球，触球的时候注意踝关节的紧张度，用脚背击打球的下部。由于摆腿或者球受力方向会改变，一旦触球会使球产生一定的内向旋转，因此在进行颠球训练的时候，不仅可以双脚交替进行颠球，而且可以单脚支撑，单脚颠球（见图5-16）。

图 5-16　正脚背颠球

三、踢球技术指导

踢球的方法主要有以下几种。

（一）脚背踢球指导

1. 脚背外侧踢球

（1）踢反弹球

脚背外侧踢反弹球的动作与脚背正面踢反弹球的动作基本相同，只是接触球时用脚背外侧部位击球。

（2）踢地滚球

脚背外侧踢地滚球的动作要求和踢定位球相同，但支撑脚站位时应考虑球的滚动速度，以保证在脚触球的瞬间支撑脚与球的相对位置符合规格要求。

（3）踢定位球

脚背外侧踢定位球的动作与脚背正面踢定位球的方法相似，不同点在于摆踢时脚面要绷直，脚趾向内扣紧并斜下指，用脚背外侧击球的后中部，击球后，踢球腿顺势前摆着地。

2.脚背内侧踢球

（1）踢定位球

采用斜线助跑的形式踢定位球的时候，助跑的方向应该与出球的方向呈现出45°的夹角，助跑的最后一步跨度要稍大一些，支撑脚的脚底迅速着地，脚尖指向出球的方向，落脚点要在球内侧约 20~25 厘米的地方，随后膝关节稍弯曲。

在支撑脚落地之后，踢球腿马上后摆，以髋关节为轴，由大腿来带动小腿，向前摆动，与此同时，小腿要做一个爆发式的摆动，摆动的同时，脚背尽量保持绷直的状态，脚尖稍向外转，用脚背的内侧来击打球的后中部位，当完成踢球动作之后，踢球腿与身体要随着出球的方向向前探出（见图5-17）。

图 5-17 踢定位球（脚背内侧）

（2）踢地滚球

在踢地滚球的时候，运动员要判断好来球的方向与速度，找到正确的落点之后，及时移动至落球点，在选择支撑点的时候，要重点考虑到来球的情况与摆腿的速度，全面保证触球的瞬间能够强劲有力，脚和球之间的相对位置能够符合特定的规范。

3.踢反弹球

在踢反弹球的时候，运动员需要判断好来球的落点，根据球运行的速度与方向做一个良好的预判，当球反弹离地的瞬间进行踢球，其他的动作要求与踢定位球一样，踢反弹球主要用于踢侧方或者侧前方的高位来球。

4.脚背正面踢球

脚背正面踢球主要包括以下几种情况。

（1）踢倒勾球

在踢倒勾球的时候，运动员需要根据来球的速度和方向进行相应位置的调整，保证自己能够移动到正确的位置上，使球的落点正好与站位相互对应，同时还要保证自己的站位能够在球的后方。接球的时候，支撑腿稍微弯曲一点儿，上半身保持向后仰的状态，踢球腿以髋关节为轴向前转动，在身体的正前方将球踢出，踢出球的方位应与身体的朝向相一致，具体方法如图5-18所示。

图5-18　踢倒勾球

（2）踢定位球

在踢定位球的时候，运动员还可以考虑采用直线助跑的方式，此时支撑脚需要落在距球 10~12 厘米处，脚尖正对出球的方向，膝关节稍微弯曲，踢球腿在跑动过程中要逐渐向后摆动，并且以髋关节为轴，由大腿带动小腿向前摆动。当膝关节摆动到接近球正上方位置的时候，接下来的动作将由小腿来完成，并以脚背的正面部位来击打球的后中部位（见图 5-19）。

图 5-19　踢定位球（脚背正面）

（3）踢侧面半高球

在进行踢侧面球训练的时候，球的运行速度与运行方向是选择站位的重要参考依据，在选择好击球点的同时，保持身体面向出球方向，顺势将身体的重心移动到支撑腿上，在进行踢球的时候，由大腿带动小腿向前摆动，用脚背的正面来击球，在完成击球动作之后，踢球腿随身体的惯性向前摆动，保持身体的平衡（见图 5-20）。

图 5-20　踢侧面半高球

（4）踢反弹球

和其他技术球一样，要踢出反弹球，就要对来球的速度、运行轨迹、落点位置做出准确迅速的预判。其技术要点是，把握好球落地的瞬间刚刚从地面弹起的机会，踢球的脚迅速发力，使用脚背踢中足球的中后部，在踢出球的过程中，注意把小腿向上摆动（见图5-21）。

图5-21 踢反弹球

（5）脚背正面踢球练习方法

①徒手模仿练习，按照动作要领在慢跑中做正确徒手模仿的踢球姿势，保持动作的稳定性和连贯性。在完成技术动作的过程中注意大腿带小腿的摆动动作和小腿的摆速、大腿的前送动作，同时保持支撑腿的弯曲和身体重心的稳定。

②两个人一组，一人踩球，一人做脚背正面踢球技术动作，体会脚触球部位、击球部位。

③两个人一组踢定位球，两个人相距10～15米踢定位球。一人踢球，一人停好，将球再踢回去。

④踢准练习，两个人一组，相距10～15米，中间摆一个2～3米宽门形标志物，两个人踢定位球通过门形标志物，反复练习。

⑤两个人一组，距离由近到远，逐渐加大踢球的力量，体会在不同距离情况下踢球时的不同力量。

⑥踢反弹球练习，两个人一组相距 8~10 米自抛自踢，体会支撑脚位置和击球点位置。

⑦两个人一组相距 8~10 米，一人抛球，一人在活动中踢来球，体会在活动中踢反弹球动作的要领。

⑧利用足球墙练习脚背正面踢球的技术动作。由原地踢球逐步过渡到在活动中踢球，体会活动中球的落点、支撑脚的位置和身体重心的变化。

（二）脚内侧踢球指导

1.踢反弹球

在踢反弹球的时候，运动员需要根据球反弹的位置移动到对自己最为有利的位置，支撑脚的站位要与球的落点相互呼应，踢球腿的摆动规则与踢定位球的时候保持一致，一旦球着地，在离开地面的瞬间，用脚的内侧来击打球的中部位置。

2.踢空中球

根据来球速度和运行轨迹及时移动到位，踢球腿大腿抬起（屈）并外展，小腿屈并绕额状轴后摆，接下来小腿再绕额状轴由后向前摆动，当摆至额状面时与球接触，击球的中部（见图 5-22）。

图 5-22　踢空中球

3.踢定位球

在运动员准备踢定位球的时候，需要一定的助跑过程，在助跑的时候最后一步要比前面几步跨度稍微大一些，支撑脚站在球的侧面，距离一般保持在 15 厘米左右，支撑脚的脚尖需要对准出球的方向，支撑腿的膝关节稍微弯曲。当支撑脚着地之后，踢球腿由大腿带动小腿，做摆动动作，在触球的瞬间，用脚跟将球送出去，使球与脚跟内侧所形成的平面与出球的方向形成直角。踢球脚的脚底要与地面平行，脚尖稍稍翘起，踝关节发力使脚型能够固定住，固定好脚型之后才能够保证踢出去的球急速有力，方向上也不会有太大的偏差（见图 5-23）。

图 5-23 踢定位球（脚内侧）

（三）踢球技术训练

1.踢地滚球训练

通过适当的观察，判断来球的方向与速度，调整好自身的角度，进一步根据来球的方向确定支撑脚位置的变换。在进行踢地滚球训练的时候，一定要学会尝试接受多个方向的来球，包括正面、侧面以及侧后方的来球。在日常的训练过程中，还可以适当增加一些训练的条件，比如在接球的时候必须规定好所使用的脚法与站位方式等，同时还可以根据场上来球方向、速度的不同选择恰当的方式进行接球。

2.无球模仿训练

在进行无球模仿训练的时候，运动员要全面发挥自己的想象力，假设地面上有一个足球，在想象中勾勒出球的形状与位置，然后向前迈步做踢球动作，随着对原地踢球动作的逐渐掌握，可慢慢过渡到模仿慢跑踢球动作，随着时间的推移与动作熟练度的增加，最后可做快速助跑踢球的模仿动作训练。在进行无球模仿训练的时候，一定要充分发挥想象力，想象球真正摆放在自己的面前，并且在模仿踢球动作的时候，适当保持脚踝部位的肌肉紧张，使脚型能够固定在一个正确的位置上，这对于今后的实球训练具有非常重要的作用，并且对于防止脚踝部位的受伤也有非常重要的意义。

3.各种脚法的二人训练

无论是传球射门训练还是其他形式的射门训练，在进行训练的过程中，队员都可以找一名同伴进行两个人的训练。两名运动员在进行踢定位球训练的时候，可以穿插适当的接球训练，在进行踢球训练时，可以适当穿插一些踢定位球的训练。交替训练两种踢球方式，不仅能够增加运动员训练的乐趣，还能达到较好的运动训练效果。

4.踢固定球训练

一人把球踩在脚下，另一人用脚的不同部位踢球，体会脚的触球部位。

5.对墙踢定位球训练

对墙踢定位球就是要求练习者面对墙壁，把球放在地面上，然后利用助跑动作，逐渐靠近球，将球踢出（见图5-24）。在刚开始训练的时候，练习者离墙的距离不要太远，一般以5米为宜，用力不要太大，争取将球踢出去之后能够用手接住，如此反复练习，当达到一定熟练度后可以逐渐拉大球与墙之间的距离，然后逐渐加大踢球的力度。

对墙踢定位球练习的主要目的是使初练者体会到踢球的整个过程，使练习者能够掌握基本的踢球技术，随着练习的不断深入，可以将地滚球逐渐变成半空球，以达到熟练运用各种踢球技术的目的。

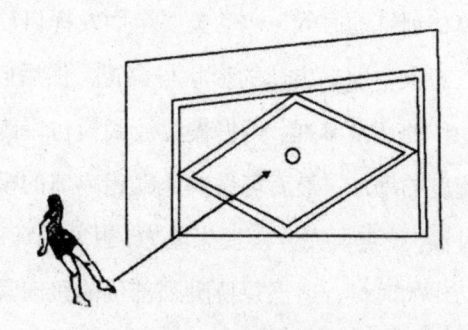

图 5-24　对墙踢定位球

6.射大球门训练

如图 5-25 所示，训练者需要在罚球区，在自己与球门之间插上两个小旗做标志。训练者第一步需要做的就是用脚抽射，使球绕过中间的小旗进入门内（此时不规定从小旗的哪一侧进行抽射，也不对训练者的脚法做任何规定）。随着训练程度的不断加深，足球教练员可对训练者进行小旗左侧抽射进门和小旗右侧抽射进门的规定，逐渐加大训练的难度，在一定程度上提高训练者的实战能力。

图 5-25　射大球门

7.利用足球墙和标杆做踢旋转球的训练

可以将标杆插在踢球者与墙之间，标杆与人、墙之间的距离需要根据练习者的实际情况来定，在训练的初期可以适当增加一些距离，随着训练的逐渐加深，慢慢缩短距离。在训练的过程中，训练者可以利用足球墙进行各种训练，尤其对于初学者来讲，使用足球墙进行训练能够保证在同样的时间内练习的次数更多，并且对于集中掌握各种足球运动技术也有很大的帮助，同时也能提高练习者的球感。

第二节　足球运动战术指导

在足球运动中，战术的重要性是有目共睹的，战术的成功与否对于足球比赛的胜负具有决定性的作用。所以，在进行足球运动教学的时候，一定要加强学生对于足球战术的理解，使学生的足球水平得到进一步提高。

一、个人战术指导

（一）个人进攻战术指导

1.传球

传球在足球运动中的重要性是有目共睹的，能够完成战术执行的最基本要求就是保证传球的质量，如果想传出一些质量比较高的球，就不仅要掌握正确的传球技术，还要选择好传球目标，把握好传球时机。

（1）传球目标的选择

在比赛中，传球一般分为空当传球和脚下传球两种方式，向前方空当传球的威胁性是比较大的。虽然这种传球方式的威胁性比较大，但是成功率并不高，容易受到对方球员的干扰。为了全面掌控比赛的节奏，同伴之间最好还是进行一些横向的传球，从这个角度出发，就需要将脚下传球和空当传球两种方式进行有机的结合，只有将多种传球方式相互结合，才能够迷惑对手，达到最佳的战术效果。当然，比赛场上什么情况都可能发生，还需要根据具体的情况进行适当地调整和分析。

（2）传球时机的掌握

掌握好传球时机，将直接影响传球的效果以及战术使用的效果。比赛中传球的时机主要包括两种情况。

①当出球人发现对手出现空当之后要马上进行传球，并指挥相应的接球队员进行位置上的变更，做好接球的准备。实施该战术的意图有进行转移进攻、快速反击等，但是在进行传球的时候，速度一定要快，动作也一定要迅速，在接近球的时候进行适当的加速，否则被对手识破之后，进攻节奏就会被打乱，战术执行也会有很大的难度。

②跑位在先，传球在后。也就是说当同伴主动跑向某一个空当的时候，持球人应当马上向该队员进行传球，如果同一个接球的位置上出现了好几名接球队员，那么持球人应当选择这几个人当中站位最有威胁性的人进行传球。

2.运球突破

所谓运球突破，就是进攻队员全面运用个人的技术来突破对方的防守，创造出对本队更加有利的进攻机会，运球突破技术是威胁性很高的个人战术，也是难度比较大的个人行动。一般来讲，一个成熟的球队对前腰、前锋以及边锋球员的能力要求都会比较高，这种运球突破的技术通常也被作为起始战术。

(1) 运球突破的条件

运球突破对于比赛的意义是非常重大的,但是这种进攻方式也需要满足一定的使用条件,只有在恰当的时机使用运球突破技术,才能真正发挥出它的威力。如果球员不分场合与时机,一味地进行运球突破,则不仅很难实现进攻的效果,而且对于战术的执行也会有很大的阻碍。运用运球突破时应符合以下几种情景。

①本队进攻球员在前场得球后身边并没有队友及时跟上接应,此时应果断选择运球突破。

②在中、前场得球,对方采取越位战术,同伴又处于越位位置时,此时应选择运球突破。

③控球队员在对方罚球区附近,而防守队员身后又有空隙,突破后即可射门时,应该大胆突破。

④控球队员在对手紧逼盯抢而失去传球角度时,应果敢地向前突破。

⑤控球队员处在一对一的情况下,一旦突破即可传中或从中路长驱直入逼近对方球门时,应大胆运球突破。

(2) 采用运球突破的注意事项

①一般防守人都是背对球门的,当进攻球员在适当的时候获得了进攻的机会,防守球员需要补防的时候,防守球员首先要做的就是转身,一个简单的转身动作可能会使防守球员失去一次很好的补救机会。这个时候,进攻球员就要抓住机会,充分利用自身的速度优势,最大可能地突破对面球员的防守。

②把握稍纵即逝的有利时机。最佳的突破时机就是当对面的防守队员距离控球队员一米也就是一大步左右时,拦截的对手正处于一种犹豫不决或者正试图与自己夺球的一瞬间。

③一定要有过硬的控球技术,时刻掌握球的动向,只有这样才能做到随时准备突围,即使无法突围,也能保证球不被对方拦截,造成失误。

④运动员要有过硬的突破技巧,能够做到随机应变,根据对方的防守状况,掌握有利时机,迅速突破对方防守。

⑤运动员在准备突破对方的防守时,一定要果断迅速,一旦成功,就要迅速传球,如果能射门就要把握时机立即射门。

3.跑位

应该说,在一场足球比赛当中,除了持球的运动员和双方守门员,其他运动员都在跑位。所谓跑位,就是运动员在不持球的时候,通过有目的的跑动寻找有利位置或空当,目的就是帮助己方得球或威胁对方射门。

跑位动作在比赛中是最常见的一种技术形式,在进攻的过程中基本都是以跑位串联整个比赛的,真正能够打破对方战术的就是这种无球跑动,能为本队球员获得更加有利的进攻机会。

(1)跑位战术的基本内容

跑位并不是漫无目的的,跑位的方法也不是单一的,根据赛场上的状况,可以将跑位分为变相跑、加速跑、突然启动跑多种。在跑位的过程中,最重要的就是及时抓住最有利的跑位时机,确定想要通过跑位到达的位置以及正确的方向。跑位战术的内容具体包括以下几点。

①敏锐的观察。在比赛的进程中,本方队员如果得到了球权,本队的作战形式就会发生由守转攻的变化,无球队员需要做的就是通过适当的观察,了解球所在的位置以及出球的角度,随后,根据队友的站位以及对手的站位进行适当的跑位和传球。同时,还要观察对方球员给本队球员制造的所有阻碍,随时根据赛场上的变化进行相应的战术调整。运动员的观察能力往往在一定程度上能够对比赛起到决定性的作用。

②有明确的跑位目的。在整个足球比赛过程中,无球队员的跑动需要有明确的战术目的,即使运动员的身体素质非常好,没有明确的战术目的,也不会取得较好的成绩。跑位的战术目的具体包括以下几点。

a.接应：当己方队员处于持球状态时，无球运动员就要通过跑位接近控球队员，通过以多打少的方式突破对方的防守，进而实现射门的目的。

b.摆脱：当双方的运动员处于一种僵持状态时，无球运动员首先要做的就是冲出或避开对方的防守。当对方采用紧逼战术的时候，接球队员就要采取相应的方式进行躲避，可以进行忽快忽慢、忽前忽后的跑动，以此来摆脱对方的防守，接受同伴的传球。无球队员如果站在原地不进行跑动的话，就很难得到同伴的传球，对于整个比赛造成的影响也会比较大。

c.切入：足球比赛是一项相互配合的运动，处于跑位状态的运动员发现己方的持球队员为了突破对方的防守而想要将球传向对方球员之间或对方球员背后的空当位置时，就要及时跟进，以便己方继续控球，掌握主动权。

d.拉开：一旦确定控球权，就要及时拉开与对方的距离，适当的距离不仅有利于控球队员的转移，还有利于控球队员组织进一步的进攻甚至射门；或者是本队球员全部拉开，给对方球员制造一种视觉上的错位感，并适时寻找进攻的战机，一旦对方出现空当，立刻发动进攻。

e.传球后立即跑位：控球队员传球给同伴之后马上就会变成跑位队员，所以持球队员在完成传球动作之后应该马上进行跑位，只有这样整个队伍才能够在流动中进行协调一致的配合。一个流动性比较大的足球队伍，在比赛中更容易取得胜利。

③选择正确的跑位方向。对于两方队员来讲，对方的罚球区是发动进攻的重要区域，是获得射门机会的重要区域，在跑位的时候要把握好罚球区的跑位方向。

④掌握跑位时机。要想正确把握跑位时机，队员之间就要默契配合，不管是跑位队员还是传球队员，默契程度越高，达到的效果也就越好。要想培养这种默契，就要做到两点：一方面，掌握控球权的队员在传球的过程当中，要时

刻关注自己周围己方队员的跑位情况并且选择恰当的时机进行跑位，同时要在视线范围之内选择一名最优的接球队员；另一方面，跑位队员在跑位的过程中，要与传球队员进行目光交流，要善于发现空当，找到合适的机会，意会到传球队员的意图，同时传球队员在传球的过程中也要时刻保证传球的隐蔽性。

（2）创造和利用空间的跑位

如果跑动引起防守者跟随移动，所创造的空间就可由另一些进攻者利用。如图 5-26 所示，②号就是利用了③号创造的空间从而得到进攻的有利机会。

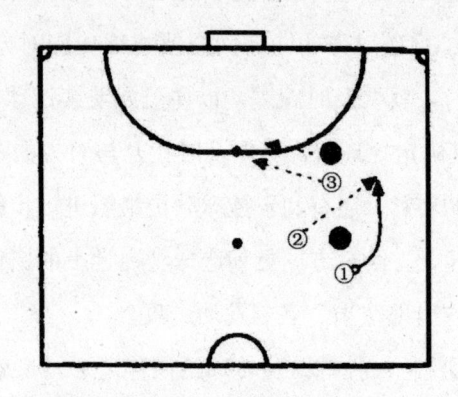

图 5-26 创造和利用空间的跑位（一）

在 30 米×20 米方格区域内，设一个活动球门，在该区域中共有 6 个人，其中 1 名守门员，而方格区域内的人员中可以设 2 人进攻，3 人防守（见图5-27）。最初的时候由于技术的生疏，防守可以适当松些，待熟练后就要与实战一致。进攻者也可适当调整，如①③号相交时做交叉配合，①③号相向移动时，①号向空当做反方向传球，②号接球后进行射门，①③号进行包抄。

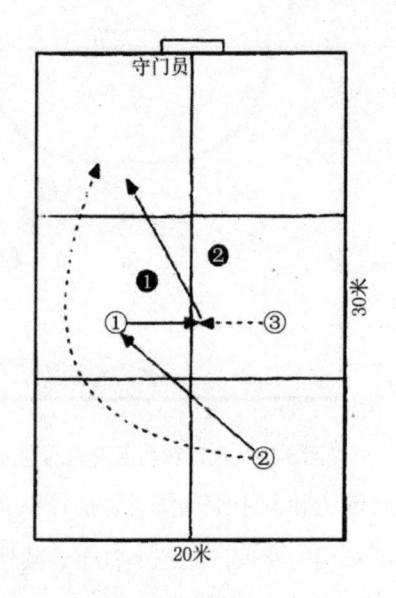

图 5-27 创造和利用空间的跑位（二）

如果控球队员在跑动的过程当中，防守队员并没有及时跟随，这个空当就是传球的最佳时机。如图 5-28 所示，③号就是利用了这个空间。

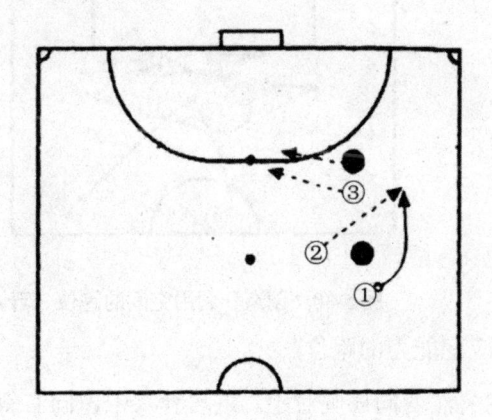

图 5-28 创造和利用空间的跑位（三）

如果跑动并牵动防守跟随移动，那么所创造的空间可由第一进攻者利用。如图 5-29 所示，②号牵动，①号利用前方空间下底。

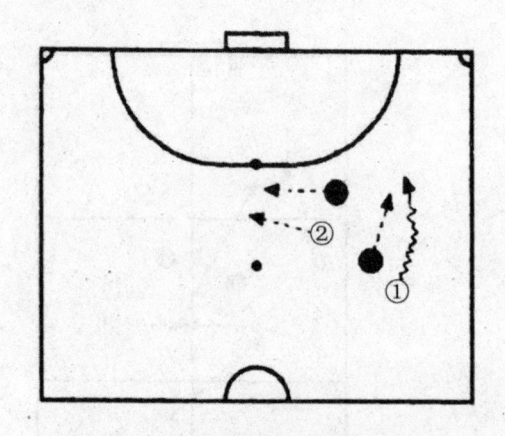

图 5-29 创造和利用空间的跑位（四）

前锋和前卫配合创造和利用空间练习。前锋队员斜线跑动，能创造可被居后插上的前卫队员所利用的空间（见图 5-30）。其他位置配合创造和利用空间的练习也可以根据本队的战术设想而设计。

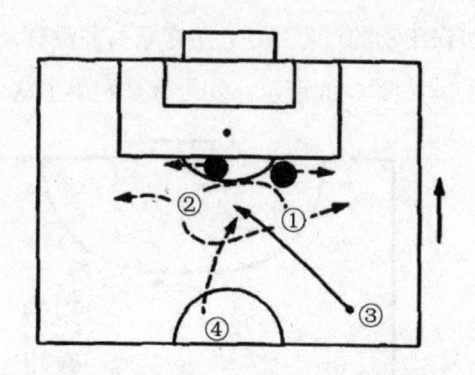

图 5-30 创造和利用空间的跑位（五）

（3）提高应变能力的跑位

第一，运用突然变向摆脱对手。进攻者⑧中速向右斜前方跑动，防守者⑥紧逼时，⑧突然而快速地转向左斜前跑，摆脱⑥的紧逼，接⑨的长传球进攻（见图 5-31）。

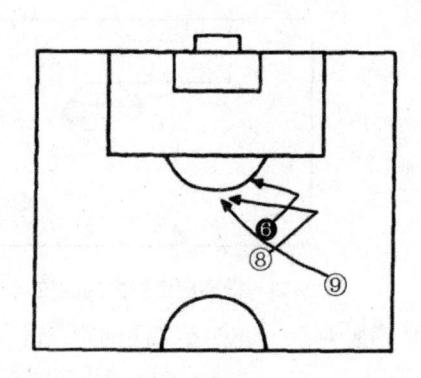

图 5-31　提高应变能力的跑位（一）

第二，运用突停或突启摆脱对手。这种摆脱的方法是进攻者在对方紧跟并根据进攻者的移动而移动时，运用突停做假动作，然后再快速跑动以摆脱对手。进攻者⑨快速跑动，防守者③紧跟不舍，⑨突然急停，然后再快速摆脱③（见图 5-32）。

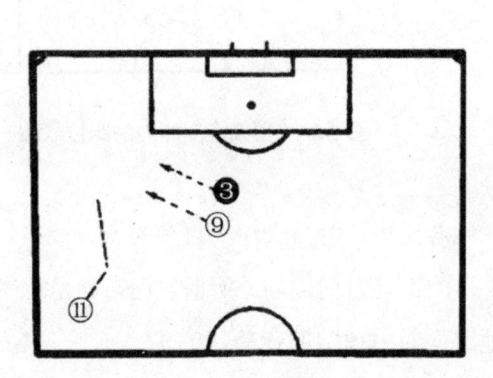

图 5-32　提高应变能力的跑位（二）

第三，运用先压后回摆脱对手。进攻者⑧向前插上，准备接应同伴⑦的传球。当⑧把防守者⑥和③吸引到一起时，便突然转身回跑，摆脱⑥和③的防守，接⑦传来的球（见图 5-33）。

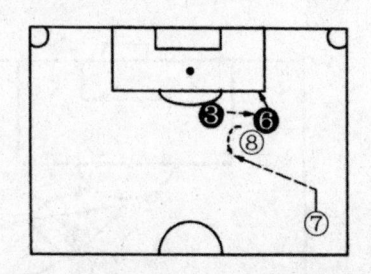

图 5-33　提高应变能力的跑位（三）

第四，运用反切摆脱对手。进攻者⑦向回跑，准备接同伴⑥的传球，把防守者④引出，再突然转身切入以摆脱④的防守，接⑥的传球进攻（见图5-34）。

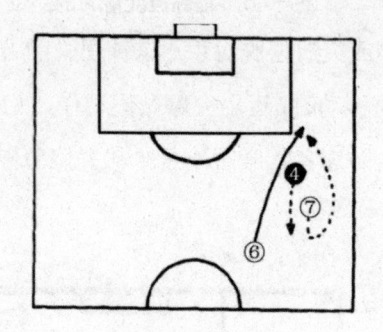

图 5-34　提高应变能力的跑位（四）

4.射门

在一场足球比赛当中，射门成功次数多的一方取得胜利，因此所有球员的战术配合，最终目的都是射门成功。所谓射门，就是比赛过程中，一方运动员将足球有目的地踢向对方球门的行动。

（1）射门的技巧

射门的方法与技巧是多种多样的，在比赛时要根据场上的实际情况适时地选择射门的角度与力度，大力量进行射门看起来可能比较有威胁，但是射门的成功率并不一定会很高。

（2）射门注意事项

①力争抢点直接射门。通常情况下，在一场足球比赛中，射门的时机通常

是稍纵即逝的，因此一定要及时把握住，一旦出现射门的机会，一定要力争直接进行射门。

②抬头观察。当然，射门也不仅仅是射门这一个动作，还要讲究射门的成功率。因此，在准备射门的时候，要迅速观察球门的位置以及对方守门员所站的位置，采用最为合适的射门方式，出其不意，迅速射门，提高成功率。

③沉着冷静。在准备射门的时候，一定不要盲目，也不要慌张，看准时机，利用防守上的漏洞以及队员之间的空当进行射门。在射门脚法的选择上，一定要用自己比较擅长的手段和方式进行，在保证射门成功率的基础上尽可能地加大进攻的力度，增加对方防守的难度。

④珍惜射门机会。在一场足球比赛当中，不管运动员处于一种怎样的状态，一定要找准时机，果断射门。

⑤及时跟进补射。足球比赛是一个团队运动，运动员在射门的时候，距离球门较近的队员应该立刻跟上，当射门球员没有完成射门或者射门失手之后，跟进球员应找机会马上进行补射，这种补射在一定程度上讲并不是难度很大的技术动作，这种动作的难点就在于寻找合适的机会进行补射。

（二）个人防守战术指导

个人防守战术是局部防守战术和整体防守战术的组成部分。个人防守战术主要包括选位和盯人两个方面。

1.选位

在比赛中，由攻转守时，防守队员应立即选择最有利于防守的位置。选位要注意以下几个基本原则。

①要想在选位的时候获得比较恰当的站位，就应该在对手与本方球门中心所构成的直线附近选择，并且要拥有清晰观察场上双方球员之间活动情况的能力，对于对手的站位和跑位都能够有清晰的判断，对于足球的移动方向以及球

速都能够做到心中有数，确保球和人能够在自己的视线范围之内。

②防守队员在站位的时候一定要学会根据场上战术形式的变化以及对方进攻的路线进行相应的调整，找到适合防守的最佳位置。

③在二防三的情形下，需要安排一名防守队员对持球队员进行紧逼，另一名防守队员则需要采用区域防守的形式进行防守的布置，以此来保护紧逼的防守队员。

④在遇到对方以多打少的情况时，防守队员在没有把握抢断的情况下，一定不要盲目地上扑或者铲球，而是要将自己定位在两名进攻队员之间，堵住双方传球的路线（见图5-35）。

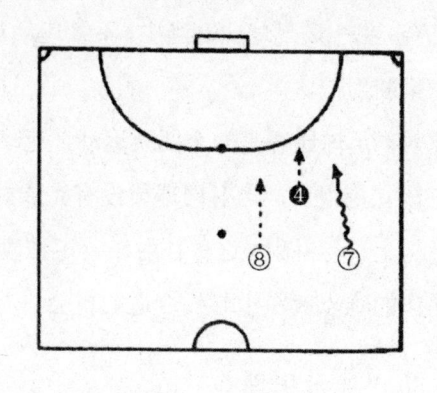

图 5-35　选位

2.盯人

盯人就是在足球比赛的过程中，处于防守一方的足球队员，采用各种方法和技术，对对方球员采取的一对一的盯防战术。这种战术的主要目的就是对对方球员进行有针对性的、严密的战术控制，最大限度地降低对方的进攻力度。在足球运动中，盯人战术的运用是最为常见的方法之一，盯人战术同时也是其他综合性战术的重要组成部分。通常情况下可以将盯人战术分为紧逼盯人和松动盯人两种形式。

紧逼盯人战术就是防守队员不给进攻队员任何的活动机会，这种情况主要是禁区防守。松动盯人就是攻防之间有一个相对固定的距离，只要是在随时能够拦截或抢球的范围内即可，这种盯人方式主要运用于与对手距离较远的情况下。

（1）盯人的基本原则

①盯人要分清进攻人的威胁程度。对于离球或者球门较远又不可能接到球的对方队员可采用松动盯人的方式。

②对有球队员及其附近可能接球的进攻队员和本方罚球区附近的对方队员都要采用紧逼盯人的方式。

③盯人时防守球员要始终处于启动状态，身体重心应稍低，切忌双腿站死。

（2）盯人队员的注意事项

①防守者必须根据比赛中球的位置，站位于被盯者和本方球门线中点的连线上，并且要根据场上的具体情况，和球保持适当的距离。

②盯人者一般情况下都会在一些比较稳定的区域内根据所盯防对象采取一定程度的来回跑位，这也是现代足球比赛最为基本的要求，但是盯人者在进行防守的时候，肯定会出现这样或者那样的防守漏洞，这就要求防守人在防守好自己位置的同时，观察可移动区域内其他人的防守情况，条件允许的情况下进行及时的补防，切实保证防守的有效性。

③防守者在盯人的时候一定要注意观察周边的战术变化以及局势变化，保持高度的注意力，对于进攻者所要进攻的路线能够有一个明确的判断，提前准备，随时对被盯者进行干扰。

④盯人者还需要具备的另一个特殊素质就是随机应变。当同伴在防守过程中遇到一些比较难防的对手时，可以进行协防，执行围抢战术；当附近出现比较好的截击机会时，可以马上进行阻击。各个负责人盯住自己所要防守的队员是获得比赛胜利的重要条件之一，同伴之间根据场上比赛形式的变化，调整防守的位置，灵活地去协助他人进行防守，也是提高防守质量的重要手段。

二、整体战术指导

（一）整体进攻战术指导

整体进攻战术，是指参与进攻的人数较多、进攻面较广的战术配合。整体进攻战术主要有以下几种。

1.快速反击

快速反击战术通常发生在对方全力发起进攻的时候，特别是当后卫压到中场的时候，防守人数会减少很多。所以，当进攻一方留下空隙时，防守方就有了可以利用的机会。防守方如果能够在这个时候抓住防守的机会，将球断下，或者在防守方退防的时候，利用对方的失误，来发动快速反击，就会给对方致命的打击，从而打乱对方进攻的节奏，变被动为主动。

（1）快速反击的条件

①任何一支足球队伍当中都要有一到两名"尖子"队员，其不管是在技术或速度方面，还是在突破能力和随机应变方面，都要有突出的条件。

②队员能迅速抓住赛场上稍纵即逝的反击点和突破口，及时反击。

③传球次数控制得当，尽量减少传球次数，增加传球的成功率。

④一旦突破，队员之间的配合要及时。

（2）快速反击的时机

①抢到对方的脚下球后。

②抢截到对方不准确的传球后。

③对方在进攻中犯规而被罚任意球后。

2.边路进攻

随着人们对足球运动认识的不断加深，人们意识到球门的中路地带是对球门造成威胁最大的区域，所以在比赛过程中，人们会将注意力集中在球门中路的防守上，对于两边路可能会适当放松防守（但是也不能完全放松）。在这种防守理念之下，进攻一方就有了机会，进攻球员可以在边路进行攻击。边路进攻通常是以下底传中或者内切传球的方式进行的，所以从这个维度上来讲，传球质量在一定程度上决定着进攻的效果。

边线传中对于时机的掌握是非常重要的，当最好的射门位置被己方队员占据或即将占据的时候，就是边线传中的最好时机。这时候，传球的队员要随着防守队员向球门方向跑动，传球的速度要快，时间要及时。

边路进攻主要包括边线传中（见图 5-36）和切底回传（见图 5-37）两种形式。

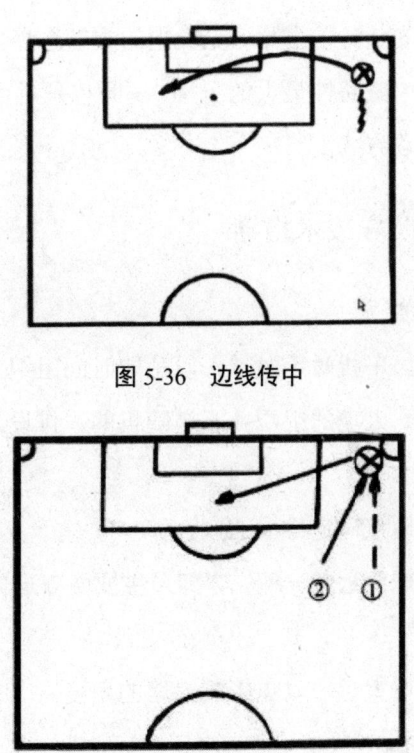

图 5-36 边线传中

图 5-37 切底回传

3.阵地进攻

阵地进攻是一种有组织、有步骤的全新进攻形式，通常发生在对方出其不意抢球的过程当中。这是一种更加谨慎的进攻打法，相对来讲这种打法的稳妥性与准确性要比其他打法更好一些。一般来讲，只有那些战术素养良好，技术能力过硬的足球运动员才能够在比赛中掌握进攻的主动权。

4.中路进攻

中路进攻就是由中路球员所发起的进攻，一旦通过中路进攻的方式突破对方的防线，那么这个进攻威胁是非常大的，获得射门机会也是非常多的。但它的缺点也很明显，那就是这一区域通常是防守的重点区域，对方可能会安排多名队员在此进行防守任务，由此可见突围的难度之高。总体来讲，中路进攻方式是所有进攻方式中威胁性最大的一种，同时也是对个人技术和团队配合能力要求最高的一种进攻方式。

（二）整体防守战术指导

1.任意球防守

一要争取时间。干扰对手发球，以争取时间组织人墙。

二要组织人墙。人墙的组织并不是随机的，排设人墙也是有一定要求的，具体要求如下。

①要根据罚球地点确定排墙的人数。

②人墙应封堵球门近角一侧。守门员主要防守球门远角一侧，并应看清楚罚球队员和球。

③人墙不宜离球太远，以免影响封堵的角度。

2.人盯人防守

人盯人防守就是指在一个足球队中，所有的运动员都要有赛场上的固定盯防对象，自由人除外。该战术的特点就是比赛中每一位进攻队员无论是身体上还是心理上都会有一定的压力。但是从这些年的足球比赛中不难发现，人盯人防守正在逐渐淡出历史的舞台，在运动员进行人盯人防守的过程中应该注意以下几点内容。

①队员和盯防对象之间的作战能力要匹配。

②相同球队的队员之间要相互配合。当一人的盯防出现失误或差池时，附近的队员要在不影响比赛的情况下，机动灵活、反应迅速地补充盯防工作，以保证整个队伍防守的严密性。

③足球运动是一项非常消耗体力的运动，尤其是在防守的过程中，防守队员要在全场范围内不停歇地奔跑和逼抢，因此合理分配体力对于每一位防守队员来说都是比较重要的。

3.混合防守

混合防守就是采用人盯人防守与区域防守相结合的方式进行的防守，在比赛的过程中混合防守可以采用后腰盯人，其他球员进行区域防守的方式，或者是指明某一位球员进行盯人防守，其余球员均进行区域防守的方式。采用混合防守方式的时候，应该注意以下几点。

①丢球即抢或迅速封堵。

②局部紧逼，相互保护，及时补位。

③夹击和围抢。

④层层设防，保持队形。

⑤切忌在罚球区域或其附近犯规。

⑥重点盯住进攻的组织者和攻击手。

⑦制造越位。

应根据战术的需要合理使用混合防守方式。当对方的进攻主要依靠两名前卫的时候，防守方就可以根据这种进攻方式，采用对两名前卫进行紧盯的方式，其余队员则可以采用区域盯人的方式进行防守。

4.区域盯人防守

区域盯人防守就是在一场足球比赛当中，不同的队员有其固定的防守区域，其活动范围也仅限于这些防守区域。当进攻者进入某位防守队员负责的区域的时候，紧盯这位进攻队员，对他将要采用的所有进攻方式进行防御就是防守队员的主要任务。区域盯人防守明确了每个防守者的任务，但是这并不意味着要放弃团队之间的协作，当某人防守失败时，临近的队员应该马上进行相应的补位，被进攻队员突破之后，防守队员应该马上换位，最大限度地保证防守的有效性。这种防守方式的缺点就是队员之间的分工不像人盯人防守那么明确，这也会给进攻者带来机会。

第六章　学校体育实践指导
——羽毛球

　　羽毛球运动是深受广大群众喜爱的小型球类运动，因为它的运动器材简便——只有两把拍子和一个球，不受场地限制，无论走到哪里，无论有网无网，无论室内、室外，只要有一小块空地，就能让人进行锻炼。

　　羽毛球运动有其特有的风格：一方面，它是一项技巧性很强的竞技性比赛项目；另一方面，它是一项普及性强、老少皆宜的活动，既能使人们的身体变得强健，又充满乐趣。人们无论是从事竞技性运动，还是从事一般性的大众健身活动，都需要在场上不停地移动、跳跃、转体、挥拍击球。因此，学生经常进行羽毛球锻炼，能促进生长发育，提高身体各方面的机能，培养不怕困难、不甘心落后、顽强拼搏的精神，从而提高身体素质，促进身心健康。

第一节 羽毛球运动技术指导

一、握拍技术

（一）握拍技术分析

1.正手握拍法

以右手握拍为例，持拍将拍面向左置于体前，右手拇指、食指伸开，使手掌根部靠在球拍握柄底部位置，另三指并拢握住拍柄，虎口对着左侧宽面的棱边上，拇指和食指轻松形成 V 字形，贴在拍柄左侧的宽面上，食指与中指稍微分开，第二指节贴住拍柄右侧宽面并自然弯曲，掌心不要紧贴拍柄（见图6-1）。

图 6-1　正手握拍

2.反手握拍法

在正手握拍基础上，将球拍向右方向转，拇指伸直，指腹贴在球拍的左侧宽面，手指向中指、无名指、小指靠拢，握住拍柄，掌心要留出空隙，便于保持手指的灵活性。一般不运用反手击后场球，通常在十分被动或必须用反手击球的状态下使用。先转体成背对网，再用反手握拍法击球（见图6-2）。

图 6-2　反手握拍

（二）握拍技术指导

①两个人之间相互交换变换握拍动作，反复练习，体会握拍技术动作。

②练习者之间相互合作做后场击高球正手挥拍动作、发球挥拍动作和挥网球拍动作。

③将羽毛球固定在击球者的左肩上方，做正手挥拍练习；将击球点放在左侧上方，做侧身反手挥拍动作。

④对照镜子做挥拍动作，要求挥拍动作连贯，击球点尽量放高，准备动作要放松。

二、发球技术

（一）发球技术分析

1. 正手发球

（1）发高远球

在发球的时候，左手需要把球举在身体靠右的前下方，松手，使球自由落体，同时右手大臂带动小臂，从右后方向左前方移动，大臂开始挥动的时候，

141

身体的重心也由右脚逐渐向左脚移动。当球自由下落到一定位置的时候，右手紧握球拍，运用手腕的力量将球击出，击球之后的身体重心由右脚移动至左脚，如果是左手持拍，则球员方向与右手持拍的方向相反（见图 6-3）。

图 6-3　发高远球

（2）发平高球

在发平高球的时候，前臂需要用力加速带动手腕向着前上方的位置进行挥动，拍面也要向前上方进行倾斜，用力的方向主要以前方为主，向上的力度也是存在的，但是向上的力度相对较小，鞭打击球，在击球的时候，动作要比发高远球小。注意发出球的弧度以对方举拍不能触及的高度为最佳，并且还要将球的落点保持在对方底线以内（见图 6-4）。

图 6-4　发平高球

(3) 发网前球

正手发网前球时站位稍靠前。握拍尽量放松，上臂动作要小，重心在左脚上，右脚跟提起。击球时，由前臂带动手腕使拍面从右向左斜切击球，控制用力，使球刚好贴网而过，落在对方前发球线附近。击球后，还原成准备姿势（见图6-5）。

图6-5 发网前球

2.反手发球

（1）反手发网前球

反手发网前球时，小臂带动手腕发力，球拍由后向前推送，拍面呈切削式击球，使球过网后急速下落在对方场区的前发球线附近（见图6-6）。

图6-6 反手发网前球

（2）反手发平球

反手发平球时，球拍的挥动方向与反手发网前球一样，只是在击球的瞬间，手腕抖动，突然发力，拍面要有"反压"动作。

（二）发球技术指导

①徒手做发球前的准备姿势，模仿发球的动作。

②站在离墙边 50 厘米处，身体右侧对墙，反复进行挥拍练习，使挥拍路线尽量贴近右腿。

③用细绳把球吊在预定的击球点处（身体右侧前下方适当高度），反复进行练习。

④用多球进行准确发球的练习。

⑤在场上两个人对练发球。

三、击球技术

（一）击球技术分析

1.前场击球

（1）搓球

①正手搓球。侧身对右边网前，正手握拍。球拍随着前臂伸向右前上方。击球时，在球拍被举至最高点时前臂稍外旋，手腕由后伸至稍内收，与网前击球前期动作一致。击球时，加快挥拍速度，体现"搓切"的动作，击球的右下底部，使球翻滚过网。击球后还原成准备姿势（见图6-7）。

图 6-7　正手搓球

②反手搓球。移动到位,反手握拍,前臂稍上举,手腕前屈至网高处,使手背高于拍面。搓球时,主要是用小臂的外旋和手腕内收并外展的合力,搓击球的右后侧底部,使球侧旋滚动过网,击球后还原成准备姿势(见图 6-8)。

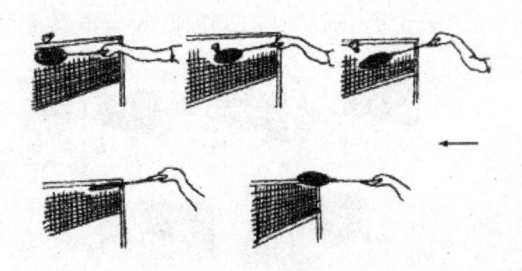

图 6-8　反手搓球

(2) 勾球

①用并步加蹬跨步上右网前。球拍随前臂往右前斜上举。前臂前伸时稍向外旋,手腕微后伸,握拍手将拍柄稍向外捻动,使拇指贴在拍柄的宽面上,食指的第二指关节贴在拍柄背面的宽面上,拍柄不触掌心。球拍向右侧前挥动,拍面朝着对方右网前。击球时,前臂稍向内旋,并往左拉收,手腕由微伸至内收,手腕要控制好拍面角度,击球的右侧下部,使球沿着网的对角飞行至对方网前角落,击球后还原成准备姿势(见图 6-9)。

145

图 6-9　正手勾球

②反手勾球。移动至左网前，反手握拍，上臂向前伸，将拍子平举。击球时，拍面正对来球，肘部突然下沉，同时前臂稍外旋，手腕由微屈至后伸闪腕，拇指与中指向右转动拍柄，其他手指突然握紧拍柄，拨击球的左侧下部，使球飞越过网至对角处，击球后，球拍往右侧前回收至准备姿势（见图6-10）。

图 6-10　反手勾球

（3）挑球

①正手挑球。正手挑球的准备动作与正手放网前球的动作是一样的，击球之前的前臂充分向外旋转，手腕也尽量向后伸展，右脚顺势向前跨出，并将身体的中线落到右脚上。在进行击球动作的时候，从右下向右前方至左上方挥拍击球。在这个基础上，如果球拍向右前上方挥动，挑出的是直线高球，如果球拍向左前上方挥动，挑出的则是对角线的高球，在完成击球动作之后，身体的重心需要马上恢复到准备的姿势，预备下一次的回击球（见图6-11）。

图 6-11　正手挑球

②反手挑球。准备动作同反手放网前球。击球前右臂往左后拉屈肘引拍至左肩，同时右脚向左前方跨出一大步，重心放在右脚上。击球时前臂充分内旋，手腕由屈至后伸闪动挥拍击球。若球拍由左下向左前上方挥动，则球向直线飞行；若球拍由左下向右前上方挥动，则球向对角线飞行。击球后，身体即刻还原准备姿势（见图6-12）。

图 6-12　反手挑球

2.后场击球

（1）高球

①正手高球。击球前，准确地判断来球的方向和落点，迅速移动到位，使下落的球处于右肩的前上方，同时侧身左肩对网，使重心落在右脚上，右臂屈肘自然举拍于右肩上方，左手自然高举，眼睛看球，待球下落到合理的击球高度时，右脚蹬地转髋，同时右臂以肩关节为轴向前转动，使肘关节朝前并高于肩部，拍头向下，球拍贴背与地面垂直，放松握拍。击球时，在蹬地、转体、收腹的协调用力下，大臂带动小臂向前上方甩腕，在手臂伸直的最高点击球，击球时重心向上。击球后，手臂顺惯性将球拍挥至腋下并收拍至体前。同时右脚向前，准备下一次的挥拍（见图6-13）。

147

图 6-13　正手高球

②正手平高球。同击高远球一样，只是在击球的一刹那，向前方用力，击出的球弧线较低。

③头顶高球。准备姿势以及击球动作与正手击高球基本相同，只是击球点偏左肩上方。准备击球时，侧身稍向左后仰。击球时，大臂带动小臂使球拍绕过头顶，从左上方向前加速挥动，注意使用手腕的爆发力以及蹬地收腹的力量。击球落地时，左腿向左后方摆动幅度大些，左脚后蹬向中心位置回动（见图6-14）。

图 6-14　头顶高球

④反手高球。击球前，看准来球，迅速将身体转向左后方，背对球网，并用反手握拍法握拍。最后一步用右脚前交叉跨到左后方，球拍由身前举到左肩附近，以大臂带动前臂转动。击球时，右前臂由左肩上方往下绕半弧形，最后一刹那手指紧握球拍，击球点在右肩上方，手腕往右后上方或者根据击球的需

要,掌握好球拍的角度进行鞭打击球。击球后,转身,手臂回收至胸前(见图6-15)。

图 6-15 反手高球

(2)吊球

①正手吊球。击球准备以及前期动作和正手高球一样,仅有的区别就是在击球的时候,球拍的拍内侧需要向内倾斜一些,手腕快速切削下压,击球的后部或者侧后部。具体来说,如果吊直线球,则拍面正对前方向下方切削;如果吊斜线球,则球拍切削球右侧并向左下方发力(见图6-16)。

图 6-16 正手吊球

正手吊球还可分为劈吊、拦截吊和轻吊,这是以球的飞行弧线和击球动作来划分的。

②反手吊球。反手吊球的准备动作和反手击高球的动作之间有很大的相似性,但是在进行击球动作的时候,握拍的方法、拍面的力量以及对拍面的掌握等都会存在比较大的差异,在进行吊直线球的时候,用球拍的反面来切削球的

底部，将落点控制在对方左场区的前发球线附近（见图 6-17）。

图 6-17　反手吊球

（3）杀球

①正手杀直线球。准备姿势与正手击高球相似，不同的是最后用力的方向朝下。在右脚起跳后，身体后仰呈反弓状，后腹部用力，靠腰腹带动大臂、大臂带动前臂、前臂带动手腕，形成鞭打向下用力，球拍正面击球的后部，无切击，使球沿直线向前下方快速飞行。击球后立即成原准备姿势（见图 6-18）。

图 6-18　正手杀直线球

②正手杀对角线球。准备姿势和动作要领与正手杀直线球相同。不同点是起跳后身体向左前方转动用力，协助手臂向对角方向击球。

③头顶杀直线和对角线球。动作要求和准备姿势与头顶击高球相同，不同点是挥拍击球时，要集中全力往直线方向或对角方向（见图 6-19）下压，使球拍面和击球方向水平面的夹角小于 90°。

图 6-19　头顶杀直线和对角线球

④反手杀球。准备姿势与反手击高球相同，不同之处是击球前的挥拍用力更大，身体反弓加上手臂、手腕的延伸、外展的鞭打用力，可向对方的直线或对角线的下方用力，击球瞬间球拍与扣杀球方向的水平夹角小于 90°（见图6-20）。

图 6-20　反手杀球

⑤腾空突击杀直线球。侧身，右脚后退一步准备起跳。起跳后身体向右后方腾起，上身右后仰或呈反弓状，右臂右上抬，肩尽量后拉。击球时，前臂全速往上摆起，手腕从后伸，经前臂内旋至屈收，同时握紧球拍压腕产生爆发力，向前下击球。突击扣杀后，右脚在右侧着地屈膝缓冲，重心在右脚前；右脚在

左侧前着地，左脚蹬地。手臂随惯性自然往体前回收（见图 6-21）。

图 6-21　腾空突击杀直线球

（二）击球技术指导

1.前场击球技术训练方法

①徒手模仿各种网前技术动作练习。

②多球练习。两名练习者一组，隔网对面站立，一人抛球，另一个做搓球练习。

③方法同上，进行勾球、挑球练习。

④多球练习。两个人一组做行进间的上网搓球练习。

⑤方法同上，做勾对角、挑球练习。

⑥两个人一球，隔网站立做搓、勾球练习。

⑦两个人一球，隔网利用搓、勾球技术进行比赛练习。

⑧练习方法同正手网前技术练习方法。

2.后场击球技术训练方法

①徒手模仿高球、吊球、杀球技术挥拍动作。

②多球练习。两名练习者合作，一人发后场高球，一人回击后场高球练习。轮换进行练习。

③方法同上，进行后场吊直线、斜线球练习。

④方法同上，进行后场杀直线、斜线球练习。

⑤固定线路练习，两个人一球，进行直线高球练习。

⑥方法同上，进行高球斜线练习。

⑦方法同上，对打高球，进行两拍直线、一拍斜线练习。

⑧方法同上，对打高球，进行直斜线综合练习。

⑨多球练习，两个人合作，进行一人发后场高球、一人回击吊斜线网前球练习。轮换进行练习。

四、步法技术

（一）步法技术分析

1.上网步法

上右网前。如果站位靠前，则用两步交叉步上网，如果站位靠后场，则采用三步交叉跨步的移动方法，即右脚向右前方迈一小步，左脚接着前交叉迈过右脚，然后右腿顺着这一方向跨一大步到位。为了快速上网，还可采用垫步上网的方法，即右脚向右前迈一小步后，左脚快速跟进到右脚跟后，利用左脚掌内侧后蹬，右脚向右前跨出一大步。

2.后退步法

①正手后退右后场。后退步法一般都用侧身后退，以便于到位后挥拍击球。如果是右脚稍前的站位，则先完成右脚后蹬、髋部右后转，成侧身站位，然后采用三步并步后退或交叉步后退。

②后退左后场。后退左后场正手绕头顶击球的步法基本同正手后退右后场步法，只是移动方向是向左后而已。

153

③反手后退左后场。反手击球时，必须使身体向左后转、背向网，在后退左后场时，无论是两步后退还是三步交叉后退都要注意这一点。

3.两侧移动步法

①向右侧移动。两脚开立，右脚跟稍提起，上体稍倒向左侧，左脚掌内侧用力起蹬，右脚同时向右侧蹬跨一大步到位击球。若距来球较远，则左脚可向右垫一小步再起蹬，右脚同时向右跨一大步到位。

②向左侧移动。两脚开立，上体稍倒向右侧，用力起蹬，左脚同时向左蹬跨一步到位击球。离球较远时，左脚可先向左移一小步，然后向左转身，右脚向左（前交叉）跨大步（背向网）到位，用反手击球。

4.起跳腾空步法

步子到位后，为了争取战机和更高的击球点，用单脚或双脚起跳，居高临下，凌空一击，这种步法被称为起跳腾空步法。在上网后退和两侧移动中都可运用腾跳步。一般说来，腾跳步较多用于向左、右两侧进行跳起突击。当对方打平高球，球从右侧上空飞向底线时，用左脚向右侧蹬地，右脚起跳，上体向右侧上空腾起截住来球，突击扣杀对方空当；当球从左侧上空飞向底线时，则右脚向左侧蹬地，左脚起跳，用头顶击球法突击。在正手后退步法中，步子到位后，也可以右脚起跳腾空击球。击球后，左脚后摆在身体重心的后面着地，一经制动缓冲，便应立即回动至中心位置。

（二）步法技术指导

①由准备姿势开始，向前后、左右做上网、后退、防守移动步法练习。

②两个人一组相对站立，一人指挥，另一人做各种移动步法。两个人交换。

③前场、中场4个点各放1个球，做上网、防守步法。要求步法到位，将球拿过来，放回去。两个人一组轮换进行。反复练习。

④10米×6快跑、急停、快退练习。分组进行。

在进行步法的学练时，要求起动、侧身迅速，步法移动到位，回中心快。

羽毛球运动技术种类繁多，比较有代表性的就是无球技术和有球技术，无论何种技术，在进行羽毛球技术训练的时候一定要全面按照每个技术动作训练的方法进行，做到规范性与标准性并存，也只有在学练中严格要求，掌握好基本功，切实打好基础，才有可能在比赛中取得比较满意的成绩。

第二节 羽毛球运动战术指导

一、单打战术

（一）单打战术分析

1.单打进攻战术分析

（1）发球抢攻战术

发球抢攻战术一般需要三种发球技术，即发平高球、发网前球、发平快球，无论使用何种发球技术都体现了快与突然性的特点。如果在发球抢攻战术中，发出的球为高远球，那么对方便会有比较长的时间进行移动，并且有回击高远球或平高球、放网的余地，这样一来，就不能够及时起到"抢"的特点。因此，为了掩盖发球抢攻战术的意图，在应用发球抢攻技术的同时，要根据对方球员的站位以及反应能力等进行灵活选择。

有效地运用发球抢攻战术能够打乱对方在这个回合的战术布置。特别是在比赛的关键时刻,发球抢攻战术的应用通常会起到出其不意的效果。

发球抢攻具有非常大的优势,主要是因为它的突然性。从这个角度来讲,这种战术的运用频率不宜过高,以防队方有心理准备,直接在回击球的时候扑杀,并且在使用的过程中还要注意结合后场高远球,将对方的注意力全面转移至处理后场的高球上,在这个时候再以抢攻战术来击打对方,能够取得比较好的战术效果。

①发网前球抢攻。在发网前球的时候,球的落点一般有三个区域可供选择:1号位置区、2号位置区和1、2号位置之间区域(见图6-22)。

这种发球的战术特点有两个:一是具有良好的突然性。在对方没有防备的情况下,加上球速较其他方式的网前球要快些,通常会使对手措手不及。二是具有良好的稳定性。因为球是冲着对方身体去的,所以能减少在发球时球出界的状况。

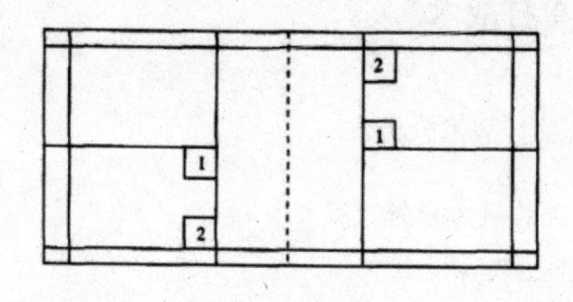

图 6-22　发网前球

在运用发网前球抢攻战术的时候,如果能够发出质量较高的网前球,就能够积极有效地限制对方的攻击,同时还可以准确、有意识地判断对方的回击球路,从而组织和发动快速和强有力的抢攻,直接得分或获得第二次攻击的机会。

②发平高球抢攻。发平高球抢攻的发球落点主要有三个:3号位置区、4号位置区(见图6-23)。

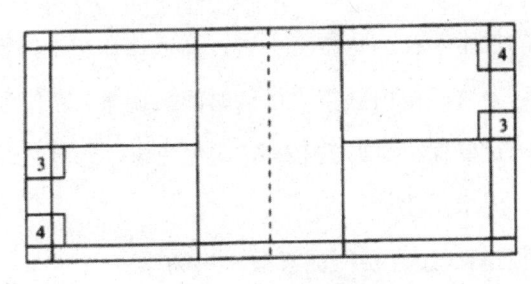

图 6-23　发平高球

（2）接发球抢攻战术

接发球抢攻战术是接发球战术中比较有效的一种战术，这种战术和发球抢攻战术有很大的相似之处，接发球一方也可以在接发球的环节就率先进行抢攻。当对方的发球质量比较低的时候，一般就是接发球抢攻比较好的时机，比如在发后场高球的时候，球离底线还有一定的距离，发网前球的时候，球的弧度相对偏高等，以上种种现象都能够制造接发球抢攻的机会。

接发球抢攻一定要做好充分的思想准备，不要行事鲁莽，应结合自身的身体条件和技战术特点进行适当的调整。应该清楚的是，当对方没有发出高质量的球时，正是进行反攻的好时机，这时应运用自己擅长的技术去回击对方，攻击对方最薄弱的环节，积极进行接发球抢攻。但是，在实施接发球抢攻战术的时候，切忌急于求成，一般情况下接发球抢攻并不是一击制胜的，而是要逐渐在比赛的过程中消耗对方的耐心和体力，一旦找到合适的机会，就快速发动进攻，扣杀对方，结束比赛。

2.单打防守战术分析

（1）后场底角高远球防守战术

这是打高远球至对方后场两个底角，以达到削弱对方进攻、夺回主动权或使对方前后场移动等目的而采用的一种具有针对性的战术行动。这种防守要求将球打得高远一些，尽量将球的落点控制在对方的底线附近。使用高远球而不是平高球的原因是平高球通常被当作进攻时使用的技术，高远球则是在防守的过程中才使用的技术。在一定程度上讲，高远球在空中停留的时间相对较长，球员也能够在这个时间段内获得更多的时间来调整、回位和反应，在进行高远球对位的时候一定要保持良好的心态，避免焦虑、恐惧心理，最终力争通过更加积极的防守，寻求反攻。

（2）勾网前斜线结合挡网前直线、半场球

在防守的过程中使用勾网前斜线球战术是非常有效的战术之一，在这个基础上，将勾网前斜线球和挡网前直线或推半场球进行结合，能够使防守战术变得越来越灵活，在一定程度上也能够起到迷惑对手的作用，让对方失去原有的进攻节奏。要想较好地运用这种防守战术，就需要防守球员在第一时间判断好对方进攻的落点。在对方出手前进行预判，球出手以后快速反应、迅速启动、步法稳健，并配合灵活多变的手法，打出挡直线结合勾斜线的球，最终达到守中反攻的目的。

（二）单打战术指导

1.固定球路训练

固定球的路线就是把两项或者多项击球技术根据战术的要求进行重组，并且反复练习的方法。羽毛球初学者通常会运用这一方法进行简单的战术训练。固定球路训练能够将多种技术结合起来，使动作与动作之间有更多的连贯性，全面提高战术执行时的击球质量。但是这种训练方法一定要与其他方法进行良好的配合，只有将多种元素重新组合才能够真正保持较高的运动水准。

（1）高、吊配合训练

①对角高球直线吊球训练法。甲乙两方在进行对角高球直线吊球的训练时，甲方由右场区发高远球，乙方回击对角高球，甲方也回击一对角高球，乙方吊一直线球，甲方放一直线网前球，乙方挑一直线高球，甲方回击一对角高球，乙方再回击一对角高球，甲方吊一直线球，乙方放一直线网前球，甲方挑

一直线高球，乙方回击对角高球，反复进行下去。发球者也可从左边发球，方法同前。

②对角高球吊球训练法。甲乙双方在进行对角高球吊球的训练时，甲方从右场区发高远球，乙方回击对角高球，甲方吊对角线球，乙方挑直线高球，甲方回击对角高球，乙方吊对角线球，甲方挑直线高球，反复进行下去。发球者也可从左边发球，方法和顺序也是一样的。

③直线高球对角训练法。甲乙双方在进行直线高球对角训练的时候，双方都可以同时训练直线高球和对角吊球，也可以对上网、放网以及直线挑高球进行训练，甲方击出一个直线高球的时候，乙方也需要同击直线高球，甲方回击直线高球，乙方吊对角球，如此往复循环，练习者的失误就会明显下降，因为在训练的过程中，练习者对所有来向的球以及不同路线的球都已经进行了练习。

（2）高、杀配合训练

①对角高球直线杀球训练。具体球路与对角高球直线吊球相同。

②直线高球和杀对角球训练法。训练时，两名练习者可同时训练直线高球和对角杀球，以及挡球和挑球。

（3）吊、杀配合训练法

包括吊直线杀直线训练法、吊直线杀对角训练法、吊对角杀直线训练法、吊对角杀对角训练法。

上述列举的实例都是以挑球一方以挑直线球来介绍的。而在实际的练习当中可根据训练需要设定固定球路的组合方式。

2. 不固定球路训练

（1）不固定高吊训练法

不固定高吊训练法是高吊训练中的高级阶段练习方法。这种练习法主要以"两点打四点"或"四点打两点"的方式进行，运动员主要是在自己球场侧的中心点上进行前后、左右的移动，采用高球或者吊球的方式来控制对方的走向和站位，而对方球员只能将球回击至运动员一方后场的两边。从这个角度来讲，这是训练运动员高吊手法一致性的重要途径之一。对两点打四点的高吊运动员来讲，这绝对是一种提高其控制全场能力的方法。这种训练对于运动员的判断、反应以及移动等能力的提升都有着不可估量的作用。

（2）不固定高杀训练法

①高杀对接高杀抢攻训练法。参训运动员都可以采用最高杀球训练的方法，这是一种强攻训练法，既练高杀技术也练抢攻意识。

②高杀对接高杀训练法。参加训练的运动员可以任意打高球，在来回高球多于三拍之后，可以寻找恰当的时机配以扣杀。如果对方打高球，则还需要还击高球。在这种训练中，一方采用高杀进攻，一方接高杀全场防守。反复进行训练。

（3）高、吊、杀配合训练法

这种训练属于高水平训练，一般只有当运动员的基本功和战术素养基本形成后才会采用这种不固定球路的训练。

3. 多球训练

（1）多球对练法

参训运动员可根据需要取 2~4 只球，当失误时，不用去捡球，而是将手中的球再发出去，以增加击球次数。

（2）多球训练法

所谓多球训练，就是参加训练的运动员需要通过回击两个或者两个以上的球来达到训练的目的。在进行该项训练的时候需要取一箱球进行多球训练，可以根据训练的要求，采用不同的路线和组别、球数等，由教师发球给练习者，练习的过程中应该保证每组不超过五个人，每个人练习的球数不少于 15 个，以此来保证练习的效果。

二、双打战术

（一）双打战术分析

1.双打进攻战术分析

（1）发球战术

在羽毛球比赛中，双打比赛通常要比单打比赛更加激烈，节奏也会更快一些，因此在羽毛球的双打比赛中，每一次的回击球和进攻球都有可能决定比赛的胜负。在双打比赛过程中，发球的作用是非常大的，如果第一次发球质量比较高，那么在接下来的比赛回合中就会占据很大的优势。进攻一方要运用自己擅长的进攻技战术进行比赛，防守一方则需要根据对方的进攻技战术特点来调整自己的防守策略。

（2）接发球战术

接发球的特点可以用"快、稳、变"三个字来形容。

快，是争取主动的关键。如果接发球落点稳定、线路俱佳，唯独没有快，那么即便前几个要素再好也很难在前几拍争得主动权。

稳，是取胜的前提。因为在接发球上如果不稳，失误率就高，如此便得不偿失地让对方轻松得分。

变，在一定程度上讲是取得比赛胜利的重要保证，如果对方的发球质量比较低，则需要用尽全力，发挥速度与力量的优势，将回球的落点控制在对方不经常想到的位置上，这也就是经常所讲的逆思维回球。如果对方回球的质量比较高，那么就可以先运用自己的战术应对对方的高质量发球，在这个基础上找回自己进攻或者防守的节奏。

（3）第三拍战术

在隔网的小球运动中，前三拍属于争夺胜负的关键，除去前面提到的发球与接发球，第三拍在羽毛球比赛中所占的地位是非常重要的，无论是从技术层面还是从战术层面来讲，第三拍的回球质量直接决定了接下来比赛的走向，在挥第三拍之前就要做好相应的心理准备，具体包括力度、角度等，第三拍如果有较好的回球质量，则是扭转被动局面的最好时机。

（4）根据对方站位形式决定进攻战术

在真正的比赛过程中，对方的站位是在实时变化的，因此进攻一方还可以进一步根据对手的站位进行战术的选择。明确了对方站位意图，就相当于掌握了对方进攻或者防守的意图，就可以采取相应的战术对对方的薄弱环节进行扣杀或放网。

如图 6-24 所示，对方把球打到我方左后场区域位置，对方的两名运动员中，甲1的防守能力强，甲2的防守能力弱一些，在防守的时候甲1一般会主动地移向甲2这一边。我们如果在进攻的时候，仍然遵照进攻中路的战术原则，就正好合乎对方的防守习惯，把球的攻击点落在防守能力比较强的甲1身上，这就是不明智的选择。此时需要做的就是针对对方防守的弱点进行攻击，以两位防守队员的站位来讲，最恰当的站位点就是靠近甲2所站的位置，也就是图中浅色阴影的区域部分，深色阴影区域表示不合理的攻击区域。

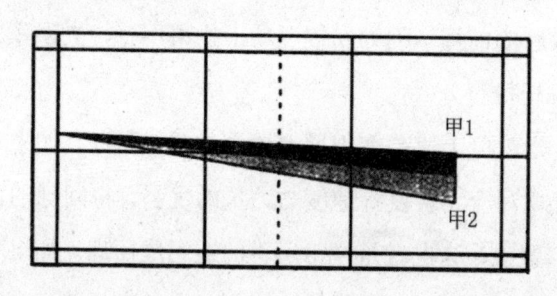

图 6-24　攻击区域（一）

在中路进攻的战术运用中，回球的落点应由对手当时的站位以及击球落点共同决定，下面我们以图 6-25 为例来说明。对方的甲1或甲2球员在接到我方的进攻球以后，肯定会选择把球挑到我方的右场靠近边线的位置，挑球之后的站位也一定会与我方的击球者成一条直线，如果这个时候杀球的落点同样还落在中线的位置上，即图中深色阴影区域的部分，就很难达到中路进攻的战术目的，这时我们应该选择将球扣杀在中线稍微靠左一边的位置上，即图中浅色阴影区域的部分。

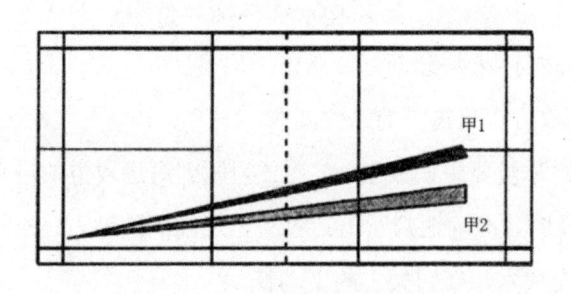

图 6-25　攻击区域（二）

（5）针对对方打法特点决定进攻战术

在比赛的过程中具体的进攻方式要根据对手的打法来决定，并不能根据自己的打法习惯来决定。例如，当对方两个人都是防守能力比较强的队员时，就可以攻击对方的薄弱点，即以诱攻和防守为主，找到最佳的机会，进行反击。我方在选择进攻战术之前一定要做好充分的心理准备，做好持久战的准备，进攻越沉稳、越持久就越能攻破对方的心理防线，所以攻方要多采用吊杀与杀吊结合的战术，稳扎稳打，找准机会进行重杀。通常情况下，防守一方的防守肯定会出现一些漏洞，进攻一方每次进行扣杀或放网，胜利的希望就会多一分。

杀速度快、落点近网的球时，要求对手在接杀球的时候必须迅速向前移动，通过挑球把球救起。我方在短杀之后再杀一个长球（长球是指比较平的杀球，球从肩上擦过，落在后场底线位置），这种一长一短的杀球（见图 6-26），如果对方手法差、反应慢的话就会造成防守上的漏洞，甚至出现失误。

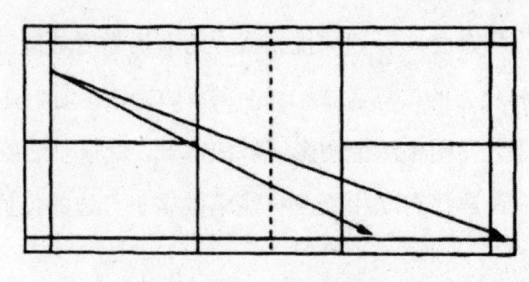

图 6-26　一长一短杀球

2.双打防守战术分析

（1）进攻方在攻击时的站位漏洞

在防守的时候要想积极主动，就必须做到对进攻方的进攻方式和手段比较了解，能够及时、准确地判断出其容易出现漏洞的地方，果断而合理地实施有针对性的防守战术，夺回失去的主动权。

①如果甲 1 从左场区进攻直线球，两个人前后站位，其同伴甲 2 准备采用网前封直线球，这时进攻方站位的薄弱区域容易出现在对角网前和对角后场，如图 6-27 阴影区所示。

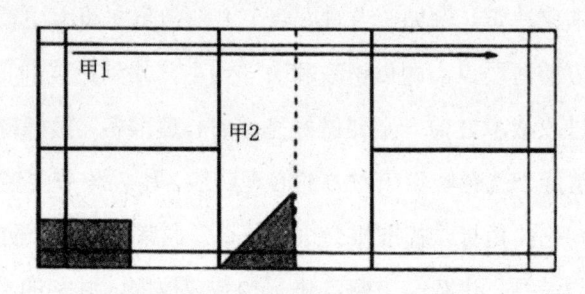

图 6-27　薄弱区域（一）

②如果甲 1 从右场区进攻直线球，两个人前后站位，其同伴甲 2 准备采用网前封直线球，这时进攻方站位的薄弱区域容易出现在对角网前和对角后场，如图 6-28 阴影区所示。

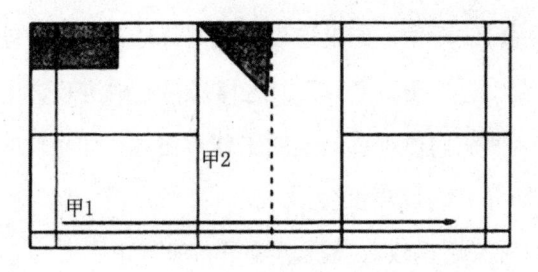

图 6-28 薄弱区域（二）

③如果甲 1 从右场区进攻斜线球，两个人前后站位，其同伴甲 2 准备采用网前封直线球，这时进攻方站位的薄弱区域容易出现在对角网前和直线后场，如图 6-29 阴影区所示。

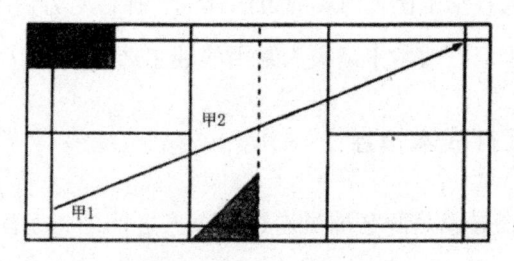

图 6-29 薄弱区域（三）

④如果甲 1 从左场区进攻斜线球，两个人前后站位，其同伴甲 2 准备采用网前封直线球，这时进攻方站位的薄弱区域容易出现在对角网前和直线后场，如图 6-30 阴影区所示。

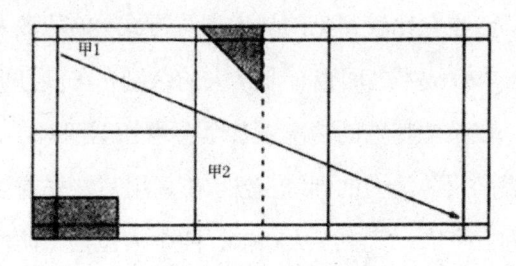

图 6-30 薄弱区域（四）

（2）挑两底线平高球防守战术

这种防守战术是将球挑到进攻者的后场区域，在应用中如果进攻方攻直线球，防守方就挑斜线对角；如果进攻方攻斜线球，防守方就挑直线球。具体来说就是"逢直变斜""逢斜变直"。这样极易造成进攻方出现移动慢或移动不到位的情况，会使他们很难在最佳的击球点击球，如果此时他们盲目进攻，就会出现有利于防守方的反攻机会。

（3）对对手采用诱攻再反拉斜线平高球防守战术

当处于被动状态的时候，首先需要做的就是将球打到对方的右后方，使对方球员在右后场区进行击球进攻，然后我方再斜线挑球至对方的左后方，这在一定程度上讲是获得主动权的防守战术，也就是让对方先进攻，然后通过防守使进攻一方扩大移动范围，消耗对方的体力，抓住对方进攻的漏洞，适时进行反击，这在女子双打战术中是最为常用的战术之一。

（二）双打战术指导

双打战术指导就是两名球员通过两个人之间的相互配合来达到全面发挥自身技术能力的目的，再加上双方之间默契的配合，通过协作来争取比赛的胜利。

双打战术的发挥与个人的竞技状态有直接的关系，羽毛球的双打战术训练通常会依赖单打战术的训练方法。其中，在单打战术训练中比较常用的多球训练法和多球对练法也是比较常见的战术训练方式。单从多人战术陪练训练法来讲，双打战术与单打战术之间也有非常大的区别，在双打训练中通常会采用三对二训练攻守，在某些特殊的情况下甚至会增加至四对二，二人训练反防守，这是一种全面提高反防能力的训练方法。在采用三二式前后站位陪练方法的时候，进攻一方为三个人，其中一人在前，两个人在后，防守方为两个人，这样做能够全面加强防守人员对于防守策略的理解与运用。除了以上几种训练方式，实战训练也是全面提高双打战术能力的重要途径之一。

第七章 武术教学方法

武术教学方法是在武术教学中，教师和学生为实现武术教学目的、完成武术教学任务而采取的不同层次的、教与学相互作用的活动方式的总称。武术教学属于体育教学的一部分，遵循体育教学的一般方法，同时又有其特殊的方法和手段。科学、合理地选择和使用武术教学方法，能够提高教师教学效率，减轻学生学习负担，达到预期教学目标。

第一节 常规武术教学方法分析

武术教学方法的运用要根据教学任务、教材特点、学生实际、作业条件等情况来确定，这是提高武术教学质量的关键。

一、讲解示范法

（一）讲解

讲解要做到用语简练，重点突出，目的明确。讲解要根据教学任务和学生的实际水平采用不同的方法，富于趣味性和启发性，并注意讲解的时机和效果。

1. 讲解的主要内容

①动作规格：讲解动作规格，使学生明确具体动作的规格要求，有助于技术的掌握和提高。

②攻防含义：讲解攻防含义，使学生明确动作的实质，有助于学生准确地理解和掌握动作要领和使用方法。

③基本技法：基本技法是指武术动作中经常出现的带有一般规律性的技巧和方法。例如，向前冲拳定势时总是拳背（平拳）或拳眼（立拳）朝上；又如，冲拳、推掌总是要求拧腰、顺肩；再如，拳收到腰际时总是拳心朝上。

④关键环节：讲解掌握动作的关键，帮助学生较快地学会动作。

⑤易犯错误：对易犯错误的动作进行讲解，可以防止学生犯这类错误。

2. 讲解方法

①顺序化讲解：武术动作的讲解，一般先讲下肢步型、步法，再讲上肢手型、手法，然后讲上下肢配合方法。

②术语化讲解：武术动作是按照动作结构、形象和运动方法取名的，一般能表达动作的全貌，如"弓步冲拳""马步架打"等。讲解时，把动作规格和动作术语结合起来，便于学生记忆动作和正确理解动作要领。

③形象化讲解：指以常用的自然现象比喻动作形象，如讲"提膝亮掌"犹如金鸡独立，将"仆步穿掌"比喻为燕子抄水。

④单字化讲解：指把动作过程归纳为简明扼要的几个字，如"腾空飞脚"，可把蹬地起跳、摆腿、提腰提气、拍手拍脚击响的过程归纳为"蹬、摆、提、拍"四个字。

⑤口诀化讲解：指把动作要领或动作顺序编成顺口溜，如讲解弓步，口诀为"前腿弓，后腿绷，挺胸、塌腰莫晃动"；讲冲拳、推掌的高度，口诀为"冲拳不过肩，掌指齐眉尖"。

（二）示范

示范在直观教学中占主导地位，示范要准确、熟练、优美，并突出武术特点。它可以使学生了解所学动作的形象、结构、要领和方法，是学生通过感性认识获得动作概貌的主要手段。

1.完整示范

完整示范能使学生了解动作全貌，形成完整的概念。在下列情况下可运用完整示范。

①对新授教学内容的武术动作，可采用完整示范。

②对结构简单和难度不大的动作，可采用完整示范

③对有一定基础的学生，可采用完整示范。

2.分解示范

分解示范是针对比较复杂、难度较大的动作所进行的教学方法，它便于学生了解动作的细节，更好地掌握动作的完整性。在下列情况下可运用分解示范。

①动作结构和方法路线较复杂繁难的动作，可分为上下肢两部分或几个小节来进行示范教学。

②攻防因素较多的动作，可按攻防含义的顺序进行示范教学。

③富于顿挫的动作，可按动作结构的顺序进行示范教学。这类动作必须具备如下基本特征：在一个动作里含有轻重之分的特征，可按轻重对比因素划分出细节进行教学；在一个动作里含有突然改变方向的特征，可按突然变向的部分划分出细节进行教学；在一个动作里含有擒纵或拿打的特征，可按一擒一纵或一拿一打之分进行教学。

分解示范是为了使学生更好地掌握动作，因此不宜将动作分解过细，应尽快地向完整动作过渡。应将分解示范与完整示范有机地结合起来使用，一般应遵循"完整—分解—再完整"的原则。

3.示范面、示范位置与示范速度

示范是为了解决问题，因此要注意示范面、示范位置和示范速度的选择与运用。

（1）示范面

示范面有正面、背面、侧面和镜面四种。在教学中，可根据需要灵活选择。一般情况下，单个动作可采用正面或侧面示范，组合动作和套路动作可采用背面示范，领做武术操或准备活动时可采用镜面示范。例如，马步动作，为了使学生弄清两脚开立的宽度和脚尖正对的方向，可采用正面示范；要看清挺胸、塌腰、膝盖不能超过脚尖的规格，可采用侧面示范。

（2）示范位置

教师示范位置的选择应根据学生人数和队形来确定，要以有利于学生观察为原则。一般可站在横队的等腰三角形的顶点，如四列横队，可以让前面两列学生坐下或蹲下，使后排的学生也能看清示范动作；也可以采用两列横队相对站立，教师站在中间示范的方式。示范时尽量使学生避免面向阳光或迎风。

（3）示范速度

示范速度可分为慢速和正常速度两种。示范速度应依据动作的难易程度而定。一般较易掌握的动作可采用正常速度进行完整示范，对于较难掌握的动作可采用慢速示范。示范与讲解应有机地结合起来运用。在武术教学中，有时可先讲解后示范，或先示范后讲解，还可边讲解边示范。一般来说，面对教材内容新和学生基础较差的情况时，应以示范为主；面对教材内容复杂和学生基础较好的情况时，应以讲解为主。

（三）领做与口令

在教学中，领做与口令指挥是教师示范和讲解的一种特殊形式，也是武术教学的主要手段和方法。它能有效地引导学生掌握动作，也便于学生统一行动。

1.领做

教师做动作来带领学生进行模仿练习，通过领做使学生初步掌握套路动作的方向和路线。领做时应注意以下几点要求。

领做位置要恰当：教师可根据套路运动方向站在练习队形的斜前方，与学生的运动方向一致。当动作方向发生改变时，教师的领做位置也要随着学生运动的方向而转换，同时应利用学生重做或口令提示要领的方法，使教师有时间走到所变换的位置上继续领做。这样，不仅能避免学生的记忆发生混乱，而且有利于其掌握套路动作。

领做与口令指挥相结合：教师的领做应稍慢一点，便于学生观察与模仿，同时要把简明的语言提示与口令指挥有机结合起来。在武术教学中，在传授新教材时应以身领为主，配以口令，使学生模仿动作更准确；复习教材时应以口令为主，身领为辅，有利于帮助学生熟记动作。

2.口令

当学生已基本学会动作后，教师可用口令指挥学生练习。正确地运用口令，能统一学生的行动，达到整齐划一的教学效果。

常用的口令：主要是一动一个呼号，这种口令适用于简单的动作和基本功练习，如有些动作需要分解成若干动作的连贯练习，可在原来一动一拍的基础上附加口令。一般发力的动作口令要短促、洪亮有力，过渡性的动作口令可适当放慢。口令的高低、长短、快慢一定要符合套路的演练韵律。

提示性口令：指口令在发出之前，加上动作名称或简明术语后，作为预令进行启发提示，如"搂手弓步冲拳——1"，对初学者或容易遗忘的动作可用提示性口令。

单字口令：根据动作结构特点，选择既能提示又能强调动作要领的单字口令，如"提膝点剑"动作的"提膝"可用"提"字，"点剑"动作可强调"点"字。

二、语言法

语言法也是武术教学中必不可少的重要方法，它通常与示范法互相配合，交替运用，不仅起到相互补充的作用，还能启发学生的思维活动，有时会起到仅靠示范所达不到的感知效果。

语言法的运用主要有讲解、口令、提示性信号三种方式。

（一）讲解

讲解是语言法中的主要表达方式，讲解的内容主要包括：①动作名称和技术规格；②运动方法、路线及其要领；③动作的攻防技击意义；④劲力、节奏、精神与动作的配合与要求；⑤对错误动作的分析等。

应在不同的教学时期有所侧重地选择讲解内容，做到明确、简练，不必一次讲解完。讲解时要有层次，富有逻辑性，并力求生动，避免枯燥，可根据教学对象的具体情况采用形象化的语言教学，还可以使用一些比较严谨、通俗易记的教学口诀，便于学生记忆和感知动作要领。对具有一定基础和接受能力的教学对象可多采用一些术语，更加简洁明了。

（二）口令

口令的运用在领做示范和组织练习中显得十分重要，可归于语言法教学的一部分。教师可控制口令来检查每一姿势的完成情况，又能控制运动节奏。口令一般要求清楚、洪亮，根据不同项目的特点可以采用不同的方法，如长拳、南拳讲求"动迅静定"，一般宜明快干脆、铿锵有力；太极拳（剑）要求软绵徐缓，口令平稳柔长一些。

口令的运用根据不同教学时期的需要有所变化，如在动作尚不熟练的情况下，可在动令之前加有动作名称的提示性口令；在分解动作未过渡到连贯完整动作之前，宜运用分解口令；在动作比较熟练的情况下可以运用口令的节奏变化来训练练习者的节奏，以表示动作的抑扬顿挫、起伏转折、快慢相间、动静有序。

（三）提示性信号

提示性信号通常运用在组织练习之中，起到口令所达不到的提示作用，它可以穿插在动令之前或之后。当教学对象开始进入独立演练的阶段，教师可以不用口令，仅用简洁明快的提示性语言加以督导，这可以帮助学生增强套路意识，逐步由被动转为主动，到达完全脱离教师指挥控制的自如期，创造富有个性的韵律。

示范与讲解在教学中交替运用时，通常在初型概念期和基本成型期多采用先示范、后讲解的方式；在巩固定型期和技巧自如期多采用先讲解、后示范的方式；在做示范时，常采用边示范边讲解的方式。

三、练习法

（一）练习方法

练习是学生在教师指导下，通过反复实践掌握和提高武术技术技能的主要方法。教学中经常采用的练习方法有模仿练习、重复练习、默想练习等。

模仿练习：学生进行模仿练习主要是为了弄清和记住动作的运动路线、方向及方法，并能初步学会动作。因此，在模仿练习时，教师不要随意更换动作练习的方向，同时将课前培养的学生骨干或基础较好的学生安排在队形的四周，以提高模仿练习的效果。

重复练习：在学生初步学会动作后，教师应及时组织学生进行重复练习，以使其逐步形成正确的动作动力定型。教师对重复练习的形式、时间、次数要根据本课的教学任务和教学内容来确定。同时，教师要向学生讲清各种练习的具体要求和注意事项。

默想练习：默想是学生通过意念活动，重现大脑获得的动作表象，达到强化动作和技术练习方法的目的。默想练习一般在新学动作之后或复习动作之前进行，能帮助学生加深对动作的印象，同时也是帮助学生消除疲劳、调节运动量的一种有效手段。课上采用默想练习的时间一般不宜太长，每次1～3分钟。

（二）练习形式

武术课组织练习的形式一般有集体练习、分组练习和单人练习等。

集体练习：集体练习是对全班学生进行集中指导、共同练习的形式。它主要由教师用口令的方式来指导学生练习，便于统一行动要求。在口令指导集体练习中，教师应注意观察学生所存在的共性错误动作，以便及时纠正。

分组练习：分组练习是在集中指导后将全班学生分成若干小组进行练习的形式。分组练习一般在学生基本掌握本课内容后，由教师提出要求，各小组长或学生骨干带领本组同学进行练习。分组的形式有以下两种：一是若干组在指定场地练习，由教师轮流指导；二是一组练习，多组观摩，教师评议。

单人练习：单人练习是学生单独完成动作演练的形式。单人练习一般在学生基本掌握动作后，教师提出练习要求，学生单独进行练习。这有助于学生掌握和巩固动作，同时能消除学生对老师或同伴的依赖性，培养学生独立思考和练习的能力。在单人练习过程中，教师要有针对性地进行个别辅导，指出错误，因人施教。

四、检查与纠正错误法

在武术教学过程中,教师必须及时获得学生掌握技术程度的信息,并通过反馈对教学进行控制,争取达到最佳的教学效果。检查就是获得这种信息反馈的有效途径。纠错则是教师将获得的学生在学习过程中存在的错误或不足等信息校正后再反馈给学生,让其去纠正错误、弥补不足,使其动作技术得到不断改进的过程。

(一)检查法

武术教学常用的检查法有观察法、提问法、抽查法、测验法和比赛法。
观察法:教师依靠视、听等感觉,观察学生出现的错误及学习效果。
提问法:教师通过提问,了解学生对教学内容的掌握情况。
抽查法:教师通过个别学生的独立演练,检查其动作规格、熟练程度。
测验法:教师对学生所学内容进行阶段性检验。
比赛法:教师通过教学比赛的形式,检查学生掌握和运用技术的情况。

(二)纠正错误法

纠正错误法是指教师对学生在学习掌握动作的过程中所出现的各种错误加以指出,并帮助他们改正的方法。一般常用的纠正方法有以下几种。
①慢速分解领做。当学生由于接受能力和协调性较差而出现错误动作时,教师要耐心地反复讲清动作技术要领,采用动作分解、慢速示范、多领做等方法帮助纠正。
②静耗体验。当学生由于肌肉本体感觉差,不能有效地控制动作而出现错误时,教师应强调动作的规格和要求,采用站桩静耗、控腿等方式帮助学生纠

正错误动作。

③保护帮助。当学生由于害怕危险而做不好动作时，教师可采用一些有效的方法来帮助他们消除心理障碍，并让学生安心地体会动作要领，逐步消灭动作中的错误。

④语言提示。当学生由于遗忘动作或对动作要领不清楚而出现错误时，教师可通过提示动作名称或动作要领来启发、诱导学生完成正确动作。

⑤对比分析。当学生由于不理解动作性质和作用而出现错误时，教师可从动作的攻防性质中找出差异，并通过正误对比示范法，使学生弄清动作的不同之处，达到帮助学生纠正错误的目的。

⑥助（阻）合力法。当学生由于辨别动作的时空感觉或运动能力尚未形成而出现错误时，教师可采取施加助力或阻力的方式，帮助学生学会用肌肉用力的方式来完成动作。

⑦附加条件法。当学生由于不适应某些动作而达不到规定标准时，教师可采用设定标志的方法来帮助学生克服困难。例如，在做大跃步前穿动作时，学生跃步只高不远，教师可在前方设一标志线，要求落点超过此线等。

⑧攻防示范法。当学生由于不理解动作的性质和作用而出现错误时，教师可讲解该动作的攻防含义和方法，并加以示范，帮助学生纠正错误。

⑨素质补缺法。当学生由于某方面能力不足而做不好动作时，教师应采取发展这些能力的措施，逐步提高学生的动作质量。

总之，要有的放矢地选择纠正错误的方法，因为有的错误动作是由多种因素造成的，这就要求教师善于辨别产生错误的原因。在纠正错误时，如果是共性错误，则应采用集体纠正的方法；如果是特殊错误，则应采用个别纠正的方法。同时，要引导学生分析错误动作出现的原因，培养他们分析问题和解决问题的能力。

五、评价法

（一）观察与提问

①观察。观察是教师在武术教学过程中，及时了解学生掌握动作技术程度最直接的方法。教师在观察中，首先要善于发现学生在练习中出现的问题并进行分析；其次要及时反馈指导。例如，教师在用口令指挥学生进行集体练习后，要及时评议练习中出彩的地方，同时指出存在的问题和应注意的事项，使学生及时了解每次练习的效果，以便进行调整。

②提问。提问是教师了解学生掌握武术知识和技能情况的主要方法。教师应在课堂上提出问题，要求学生根据所提出的问题简明扼要地谈谈自己的体会和见解。教师提问的内容要简明，要与讲解的内容保持一致，如分析动作的规格与要求、精神与节奏等。同时，教师要掌握好提问的时机，引导学生积极思考。

（二）抽查与测验

①抽查。抽查是教师在课堂上让单个同学或两三个同学进行演练，检查武术动作是否正确、协调，套路动作是否连贯、熟练的一种方法。在课堂上，既要抽查那些接受能力强、技术动作掌握好的学生，也要抽查那些接受能力相对较弱、技术动作掌握不太好的学生，以使同学之间互相观摩、互相学习、互相帮助，达到共同提高的目的。

②测验。测验是教师对学生所学的武术技术进行阶段性考查或学期考核的方法。测验是检查教学成果的主要环节。因此，教师应根据教学基本要求来确定测验的内容，制定出评分方法和标准。测验要以学生现场独立演练的技术水

平为依据,并作出客观的评价,测验后教师要认真总结教学经验,以便对今后的教学工作进行改进,争取实现最优化的教学效果。

(三)教学比赛

教学比赛是调动学生学练武术积极性,培养学生习武热情,使他们在"竞争"的条件下进行演练,互相取长补短、交流技艺的重要方法。教学比赛可采用班级、小组及个人三种形式进行。比赛的内容可分基本功和基本动作的比赛、套路比赛或攻防格斗比赛。评分可由教师评判或学生评议与教师评判相结合来确定。

另外,在条件允许的情况下,还可以采用多媒体教学。组织观看技术录像、光盘和多媒体课件,帮助学生学习动作组合及结构复杂的动作,或组织观看套路和散打全程演示,以分析动作规律、剖析制约环节、讲评适用功能、引导演练技巧。还可以探究武术组合或套路记忆问题、繁难动作掌握问题、武术图解识别和自学问题、武术动作改编创新及专项身体素质提高问题等。

六、武术术语教学法

武术教学分为专业武术教学和非专业(普系)武术教学。武术专业的学生在武术技能、武术意识等方面都比较突出。目前,大多数武术专业的学生,武术技能较好,语言表达能力较一般,他们能较好地掌握某一动作的要领、特点,却表达不出来,或说得不完全。武术专业主要培养具有较高业务素质和专业技能的武术人才、教师、教练、研究人员等,所以在学习武术技术的同时,也要加强对武术理论及武术术语知识的学习。

非武术专业的学生,基础较差,在学习技能的同时还要学习一些武术的理论知识、武术术语，这对于武术技能学习和拓宽武术视野都有很大帮助。武术按其运动形式可分为三大类：套路运动、搏斗对抗运动和功法运动。每项运动都有武术术语。武术术语是描述武术名称、要领、要求、特点的专门性语言，它是对武术内容、动作的描绘，能较确切地指出武术的结构和基本特点，所以要求既"准确"又"简明"。武术运动中无论是一个完整的动作，还是套路练习，对手眼身法步、精神气力功以及节奏变化等都有具体要求。语言是人类思维的武器，是人们的交际工具。同样，武术的语言是以人体为依托，以动作为组块的，所以教师在讲解中采用术语可达到简明扼要的效果。

（一）武术术语能引导动作的规范性

武术术语来源于动作的实践，但又高于实践，指导实践。运用术语的教学方法，关涉实践和理论两个方面。实践方面的缺陷将导致武术教学的片面性，理论出现混乱又将导致武术教学方法出现混乱。武术术语是武术运动特有的专门用语，掌握动作术语不仅能简化文字说明，而且有助于学生领会动作含义。

学生在武术学习中对技能的掌握是分阶段的，他们对武术技能的掌握和运用要经历从不懂到半懂再到全懂的过程，即经历粗略地掌握动作阶段、改进和提高阶段、巩固运用自如阶段。武术的动作术语在这几个阶段中，时刻起着监督和指导的作用，能使学生建立正确的动作概念，领会动作的要领和方法，使动作更加完善和规范。

（二）武术术语能提高学生练习武术的积极性和兴趣，增强其自信心

如何进行武术教学，如何将武术这一具有技术性又注重内外兼修的民族传统体育规范而又准确地传授给学生，使学生在有限的学时内尽可能全面地掌握

规范、系统的武术技能是现今武术教学的主要问题。非武术专业（普系）的学生大多数基础较差，或者说大部分学生从没有练过武术，属于"武盲"，他们在上武术课前存在一些心理障碍，如学习目的不明确、积极性不高、怕学不会、怕考试不及格、怕苦怕累、有畏难情绪等。

其实，教师在教学的时候，除了要认真备课，正确示范，还要在讲解上有新意，能吸引学生的注意力，让学生感到武术"易懂且易学"。所以，在语言讲解上多采用术语教学法。比如，弓步的武术术语为"前脚微内扣，全脚着地，屈膝半蹲，大腿接近水平，膝部约与脚尖垂直；后脚脚尖里扣斜向前方，全脚着地"，学生只要按照术语的要求做，就像直接套用公式一样，动作的雏形也就基本出来了。教师可针对某些技术环节的共性问题及时进行提示和纠正，这样既节省精力又缩短时间，还能提高学生练习武术的自信心。

术语的简化就是口诀或谚语，如弓步的口诀就是："前腿弓，后腿蹬，挺胸、立腰、别晃动。"武术教师在讲授动作时，要求学生边说边做，把动作的技能及术语有机地联系起来，这样可达到牢记动作要领和及时纠正动作错误的目的。有时让学生齐声喊术语或口诀，不仅能增强声势，活跃气氛，使课堂轻松愉快，而且能提高学生练习武术的积极性和兴趣。

（三）掌握武术术语能增加学生的武术理论知识

武术内容丰富多彩，无论是功法运动、套路运动还是对抗性运动，都离不开武术术语。学生积累武术术语，能提高武术技能，拓宽武术知识面。

动作技能总是通过某种外显的操作或动作表现出来的，人们也往往以外显的操作和动作来评价动作的掌握程度。在动作示范的教学过程中，学生通过学到的一些武术动作术语知识可对教师起到一个很好的监督作用，能提高自己的观察力和判断力。武术理论知识的掌握和动作技能的提高，对学生阅读武术书或杂志，学习各种武术套路，进行学术交流，都会有所帮助；不仅能为学生以后的理论考试打下良好的基础，而且能提高学生的写作能力，对今后的武术研究及职业发展等有很大的帮助。

（四）熟悉和掌握武术术语对学生阅读图解有很大帮助

武术图解是用文字说明和动作图示来记载武术动作和套路的方式。文字说明是讲解分析动作的详细过程及顺序和要领的，动作图示则是描绘动作姿势和身体各部位的运动路线的。

武术图解的知识内容一般包括运动方向、运动路线、往返路线、叙述顺序、动作名称和要领说明几个方面。

明了武术术语是看武术图解不可缺少的一个条件，在武术图解的文字说明中，常用术语来表示动作，各武术动作之间的关系，动作的方向、路线、顺序等，都有术语文字说明。所以，学生熟悉和掌握好术语和武术图解知识，有利于自学武术，能提高学习武术的独立性，对自修能力的培养和技术水平的提高都有重要意义，对中华武术的推广、交流、继承、发展也具有积极作用。

总之，教师在传授知识的过程中，既要求学生记忆语词，又要求学生记忆形象（示范）；既要讲述理论，又要以情绪感染学生，使他们形成一些动作记忆。教师在讲解动作的过程中，正确运用术语教学，可帮助学生记忆动作要领，轻松地学会动作技能，牢记动作要领。所以，合理地运用武术术语教学法能行之有效地提高武术课的教学质量，促进教学活动的协调发展。

第二节　武术教学中对学生记忆能力的培养

武术在历史的演变和发展过程中，形成了各种不同的拳种和流派，内容丰富，形式多样，特点各异，给学生学习和记忆带来了较大的难度。如何运用记忆的规律，使学生更快、更好地学习和掌握武术技能，是武术教学中值得研究的一个重要内容。

一、记忆的界定

记忆是人脑对客观事物的反映，是一种复杂的心理过程。记忆的内容来源于感知过的事物、思考过的问题、体验过的情绪和练习过的动作。按照记忆的性质，可将其分为形象记忆、逻辑记忆、感情记忆、运动记忆，在武术教学中这四种记忆都有非常重要的意义。

记忆的心理过程包括识记、保持、再认（或"重现"）三个基本环节。识记是感知的过程以及在头脑中留下的痕迹，保持是指巩固识记内容的过程，再认（或"重现"）是回忆识记过的事物的过程。记忆的三个过程互相联系、互相制约，"记"是"忆"的前提，"忆"又是"记"的结果。从全过程看，识记是记忆过程的关键，是武术教学中要抓的重要环节。

识记分有意识记和无意识记两种。有意识记又分理解识记、机械识记。鉴于武术内容、数量的繁杂和风格要求的多样性等特点，要把提高理解识记放在首位。对于青少年运动员来说，由于文化修养及理解能力的限制，靠简单的多次重复练习来实现机械识记也很有必要，机械识记在记忆基本功、基本动作、基本组合中起主要作用。要取得良好的教学效果，就要将两种识记方法结合起来运用。

记忆的保持情况，取决于理解的程度和练习的次数。武术家常说"拳打千遍，其理自现""一日不练，如隔三秋"。积极的练习是与遗忘作斗争的唯一办法。

记忆在武术教学领域中十分重要。没有记忆，掌握各种复杂武术套路和攻防技能就是一句空话。教师不依靠过去经验积累的素材和技能，就不能完成传技授艺的任务；学生不能记住学过的动作和组合，就不能学习更高层次的各种套路，也就谈不上提高技术水平，取得优异的成绩。一个优秀的教练员或者教师，一定要遵循记忆的规律并在实践中灵活运用，促进教学质量的提高。

在武术教学中，记忆素质的培养要贯彻始终。记忆素质是评价记忆好坏的指标，能综合体现出记忆速度、记忆保持时间、记忆准确程度，这种素质可以通过实践得到改善。例如，记忆的速度，随着目的教育的深入，学生学习自觉性的提高，学习方法的完善和已有知识领域的不断扩大，学生识记武术动作的能力、速度也会相对提高。记忆的持久性是针对遗忘而言的。德国心理学家艾宾浩斯（Hermann Ebbinghaus）的遗忘曲线表明，遗忘的进程是不均衡的，一般在识记初期遗忘速度快，后期较缓慢，而且遗忘进程受以下因素制约。

①受动作数量的制约。记忆能力基本一致的人，在相同的时间下，识记的动作越多，遗忘越快。

②受技术水平的制约。运动技术水平越高，记忆效果越好。

③受动作学习先后的制约。一般首尾动作容易记住，中间部分容易遗忘。

④受动作性质的制约。技击性较强的动作（即有技击含义的动作）遗忘较慢，实效性较差的动作（即无意义的动作）遗忘较快。

⑤受主次教材的影响。主教材比次教材遗忘慢。

⑥受学习主体兴趣的影响。学习内容间隔时间越长、复习次数少的人遗忘

越快。

根据记忆持久性的特点和遗忘的制约因素,在武术教学中要贯彻以下几个原则:自觉原则、教材组织系统化原则、因材施教的原则、突出重点教材的原则、精讲多练的原则、巩固和提高相结合的原则。

记忆的准确性(也叫规范性)指识忆的动作如实地反映了原动作的本来面貌,再认(或"重现")时没有出现偏差和遗漏现象的心理过程。武术比赛是单人上场演练、裁判员根据运动员演练的质量进行评分的一种竞赛形式,按照规则的要求,运动员在有限的场地和时间内完成数十组性质不同的组合或动作,激烈程度可想而知,运动员要付出极大的体力和精神代价,更何况群雄竞争下的压力,没有准确的记忆是很难力挫群雄、夺魁取胜的,不符合要求的动作和某些技术环节的明显失误都会影响得分。可以说,优异的武术比赛成绩是建立在准确识记的基础上的。

武术套路由包含技击意义的动作组成,动作与动作的组合要遵循攻防规律和力学顺劲,很多动作之间具有因果和互为依托的关系,前一个动作的完成是后一个动作的起始准备,后一个动作又为下一个动作准备了条件,动与动、组与组、段与段的连贯性要求记忆准确、反应非常灵敏,一个动作的延缓就会破坏整体动作结构的完整性,导致失去原有的节奏感和风格。特别是对练套路,虽是假设性实战,却近似实战,包含拳脚相交的劲道,稍有失误,轻则中止演练,重则受伤。没有准确的记忆,攻防闪躲的时间、部位、距离、力度就会无章可循,"精彩""逼真"也就无从谈起。演练逼真的效果是默契配合的结果,而恰到好处的演练技巧又是以准确的记忆为前提条件的。记忆的准确性是在实战训练中提高的,动作达到了高度自动化的程度,记忆的准确性也就随之提高。

二、记忆的加强和提高

帮助学生加强记忆,就是依据记忆的规律和原则,结合武术专项的特点,合理、科学地组织教学实践活动,使所有的教育和培养过程符合记忆的规范要求。

(一)提高学生对武术的认识,培养学生对武术的兴趣

心理学家认为,"兴趣产生的基础是需要"。教师培养学生对武术的兴趣,首先要把学生的学习动机引向正确的轨道上来。

武术教师本身要以身作则,有强烈的事业心,要联系武术运动悠久的历史和新中国武术运动蓬勃发展的新形势,教育学生树立继承和发展武术运动的伟大理想。明确武术的作用、意义和影响,要求学生把学习武术当作继承和发展祖国文化遗产来认识,激发青少年的责任心,使其形成正确的学习动机,把学习武术的全过程作为培养热爱祖国、热爱社会主义的情感的过程,这是培养兴趣、发展有意识记的前提条件。

武术内容丰富,招法多变,巧妙而又具有系统性,本身就是激发兴趣的好教材。在合适的时机下,适当地向学生介绍形式多样的不同拳种、不同器械或者短小的对练,有目的性地解剖某些动作的实战价值,能使学生产生强烈的探索欲望,提高学生的学习自觉性和兴趣。

对于武术的健身作用,教师要有目的地进行观察、分析,经常给学生进行讲解,使学生看到武术练习的特有功效,提高学习的积极性,坚定学习的信心和勇气。武术所特有的"美"也是学生产生求知欲的潜在因素之一。这种美既不同于舞台艺术美,也不同于体操的形体美,是由连贯的拳打脚踢的技击动作所形成的方法独特、形神兼备、别具一格的美。从事武术练习的学生,一旦逐

步理解和探求到其中的乐趣，就会百练不烦，学而不厌。

（二）帮助学生掌握武术内容的内在联系

武术动作的攻防特点是在识记的基础上启发联想。例如，冲拳弹腿—大跃步—仆步—弓步推掌，是一个连续进攻、防守的组合，教师结合套路结构，讲明技术连接的特点，使学生在自我复习中能够自然地将这一连串动作组合衔接起来；又加刺剑、劈刀动作，都应有触到物体的实感，"刺者伸""劈者够"中，"伸""够"就是触到实物时身体上的感觉，也是动作的要求，这种触物的真实感就是内在情感与外部动作高度统一的反映，体现了准确的运动感觉，从感情上对攻防实质的理解，就是有意识的意念活动。因此，在武术教学中，教师要下功夫激发学生的内在感情，使其理解技击性，体会真实感，理解力学顺劲，体会节奏感，从而为学生有意识记后的联想和想象创造有利条件。

利用武术本身的特点，也能提高学生有意识记的能力。武术动作中路线的开合规律、左右变换规律，节奏中动、静、起、伏、快、慢相间的规律，以及身法中拧中寓倾、转体留身、迂回转折的规律等，都是提高理解记忆的手段。在初记阶段，教师可从套路路线中找特点来帮助学生明确做法，如初级长拳第三路起势段可以总结为穿左掌、左脚点地成左虚步，提左膝，上左步，并步对拳向左看。这里重点突出一个"左"字，虽然是全身各部的动作，但加"左"不加"左"，其记忆效果就不一样，这个"左"就是加强记忆联想的关键。练习场地、方位的选择，也关系到记忆的规律。一般在武术的教学中，新手在学习新内容时，每次练习的方向都基本是固定的，他们甚至能指出某一段落结束时本人面前具体环境的特征，复习时也要求学生假想所面对的方位，因为定向性是提高再现客观刺激物强度的因素，对快速记忆路线能起到良好的效果。

利用武术中形象化的语言、口诀、谚语进行教学，对促进动作概念的形成和帮助记忆也是不可忽视的方面，如"起如猿摘果，下如燕抄水，蓄力如开弓，发劲如放箭"。对起落、劲力运转的描述仅寥寥几笔，却栩栩如生。前踢腿规格中的"三直一勾"和拳掌等口诀，都准确地概括了动作的要领、要求，言简意明，形象生动。武术中传统的象形名称也是如此，这些名称都寓意深长、耐人寻味，能起到引导有意识记、引人浮想联翩的作用，使人更加集中注意力，容易在头脑中建立概念，达到增强记忆的目的。

此外，运用直观性的教学手段（图片、电影、电视、录音等），加以教师必要的手势、表情，能丰富青少年记忆的内容，加快记忆的速度。

（三）合理组织武术教学是提高识记效果的基本途径

教师在武术教学的组织中，从教材的选择到教法的运用，都应该讲究实效，力求符合学生的生理和心理特点，有效地集中学生的注意力，提高他们识记的效率。

1. 合理组织教材

对于武术项目来说，一般要突出重点，围绕重点，挖掘为此内容服务的辅助教材，使内容适当交替。例如，在指导学生学习旋风脚技术时，就可组织里合腿、仆步压腿等模仿练习。也可把各类基础练习与旋风脚结合起来，把间接提高旋风脚技术的素质练习融在循环练习中，到一定阶段，还可以总结旋风脚与各种武术基本动作的组合规律，将这些规律分成不同的类型，使之系统化和条理化。在教学中新旧内容的比重也要恰如其分。只有这样，武术教材的组织形式才会更加灵活，学生才会在练习手段的变化中保持着兴奋劲儿，这既能提高学生识记的速度，又使武术学习的内容更连贯、完善。

2. 科安排时间

科学地安排时间，也能加快识记速度。对武术教材的学习应安排在学生精

187

力最旺盛的时间内进行。一般是在准备活动后，此时学生身体微出汗，情绪高涨，精力充沛，抓紧这一时机进行新内容的教授，便于学生识记。学习的时间安排与组织形式有关，要始终坚持集中学习、分散消化，在学习新的内容时，每一次复习的时间不能间隔太长，而且启发学生在解决课内主要问题的基础上，加强课外复习，发挥主观能动性，为以后学习新内容打下基础。

3.正确示范和讲解

学生在学习动作进程中，对于在精力集中时出现的第一个动作是印象最深的，也是掌握最好的，而且对该动作记忆的消退也较慢。因此，教师的第一次示范要力求正确完善、优美轻松，使学生有想学、想练的愿望。讲解时要语言通俗易懂、简明扼要、形象生动。

4.准确的口令和提示

人在有意识地练习武术套路或动作时，总是在两种信号系统相互作用的条件下进行的，而第二信号系统是人的行为的最高调节者。在学习武术运动技能时形成的意识性，是思维活动处于积极状态的主要因素。因此，教学中准确的口令、提示不仅能丰富心理体验，而且能直接加快识记的速度。口令和提示方法多种，内容多变，总的来说，要紧密配合，有不同的声响和变化。对于初学的比较生疏的新动作，口令要慢些，并适当拖长加以提示，使学生在口令和提示的作用下，用外部视、听觉刺激调动自身的语言调节功能，从心理上首先进入该动作的演练状态，提高识记速度。

5.造成竞争的局面

要在教学中把已形成的潜在的学习需要充分调动起来，调动学生的学习情绪，造成竞争局面。一般来说，在教学中提出各阶段指标，在课中进行某些单项竞赛，组织一些对抗游戏，在每次练习相同内容时提出不同的任务和要求并且规定完成的时间，都容易激发学生练习的积极性，使记忆具有良好的心理状态。

记忆动作是一种艰苦、复杂而又紧张的体力和脑力劳动,需要教育者和练习者付出极大的努力。有意识记是同良好的教育和培养分不开的,只有在武术教学的各个环节,根据不同对象的身心发育的特点和记忆的规律,创造有意识记的条件,才能提高学生的学习效果,使其长久地记住所学的内容并运用到实践中。

第三节　武术教学中心理训练的运用

传统武术在自身的发展进程中,已自觉地采用了许多心理训练的手段和方法,取得了一定的效果。但是,由于一些传统观念的束缚,一直未被重视。鉴于此,结合武术专项的特点,介绍一些心理训练方法是十分必要的。

一、武术运动的一般心理特点

武术的套路成千上万,技击击法也千变万化。只有将方向、幅度、速度、劲力和时间配合得恰到好处,才能做到手、眼、身、法、步同步,达到心、意、气、力、形的高度统一。系统从事武术训练,能发展运动器官和神经系统的协调能力。

武术运动随着功能的发展已成为一种武学艺术。运动员要具有丰富的想象能力,这有助于其深刻地理解动作的技击含义和领会动作的要领,摆脱机械模仿的弊端,创造性地提高动作质量,形成自己独特的风格。特别是武术套路中的自选项目,其组合和编排更需要运动员在规则允许的范围内,充分发挥创造能力，扬长避短，展示优势，使各种自选套路具有新颖性、独特性。因此，在武术教学和训练中，教练要积极培养运动员的创造能力，发展运动员丰富的想象能力。

武术运动员经常伴有鲜明的情绪体验。在武术训练中，学习目的、教学组织形式、内容难度、运动负荷以及当时运动员的身心状态的不同，均可使运动员产生不同的情绪体验以及复杂的情绪变化，这种"体验"和"变化"直接影响到训练效果。完成高难度的武术动作可使人精神振奋，引起愉快的情感，这些情感有利于运动训练效果的提高。疲劳状态下的训练或者技术动作改进不大、套路演练失误较多等常会引起消极的情绪体验，严重地影响训练效果。实践表明，只有加强目的教育，提高思想认识，正确组织训练内容，有节奏地控制运动负荷，充分调动运动员的主观能动性和自觉性，才能促进运动员健康情绪的产生。

武术训练是艰苦的，这里不仅表现在套路动作之多所造成的记忆上的困难，也反映在完成时间短、强度大的特点上，因此要求武术运动员必须具备坚韧不拔、勇敢顽强的意志和克服困难的决心。

武术运动记忆很重要，这与武术项目的种类之多是相关联的。要掌握武术各类动作，就要做到正确识记各种动作、了解动作的基本要素及其技击变化特点。从对教练的讲解示范初步形成视觉印象，到经过多次的实践模仿后，动作表象逐渐清晰，记忆范围也随之扩大，这时记忆动作不仅要掌握路线，而且要深化到对动作劲道、节奏、精神、风格的理解和体验。这个过程需要通过各种手段和方法才能获得。要想实现掌握规格的动作或套路，记忆效果达到高度自动化程度，运动员需要为此付出极大的代价，没有顽强的意志品质是不可能实现的。

进行有针对性的强化训练、培养运动员克服因身体不适而带来的消极情绪非常重要。武术运动员在使用器械时，必须具备"器械感"，这是一种专门化的心理品质。优秀武术运动员对器械的长短、轻重、运行过程中的速率和劲道有精确的反应能力，能够做到内外合一、身械协调，使动作达到完美，这种心理因素是在长期训练过程中形成的，也会因间断而消失。形成准确的、清晰的时间和空间知觉对武术运动员也很重要。在各种武术套路中，运动员必须凭借视觉、动觉来辨别自身在场地上的空间位置和准备移动的方向，从而调整动作幅度和步法。

二、武术对抗性项目的心理分析

（一）对练的心理特点与分析

武术中的对练不是真打实摔，而是根据技击动作的攻守进退、动静疾徐、刚柔虚实的格律，按照规则要求，在特定时间、距离内所组成的假设性的实战演练，分为对练、徒手和器械对练多种。

集中精力，面对即将开始的练习，用意志控制自己，是对练中应具备的基本心理品质。对练要求运动员注意力高度集中，即从开始到结束均不允许有间或的注意分散，否则会前功尽弃，造成演练失败。

集中注意力与对练运动员双方的思想作风、技术、熟练程度、体力、演练经验等均有密切关系。教练员应在训练计划中有意识地安排集中注意力的各种专项练习，掌握排除心理障碍的有效方法，保持良好的竞技状态。

对练套路的节奏非常强烈，这种节奏是特定攻防动作本质的反映。因此，运动员双方在演练中对整套的节奏感应非常清晰，只要一人稍有疏忽，就会影响到全局，造成中断或受伤，这在武术对练中是屡见不鲜的。

人类是借助感觉来感知不同事物的属性的，对武术动作的认识也不例外。在教学训练中应运用合理的指令与各种限制手段使运动员去感知动作的速率，以达到自动化程度。运动员富有节奏的演练能给人以轻松自如的感觉,从假设性实践中领略技击的真谛,得到"逼真感"的享受。

对练对运动员动作的幅度、力度、距离及其上下高度等都有严格的要求,这些均要靠知觉来判断。长期的规格训练,能充分发展运动员深度知觉的心理品质。

对练中的"动力特点"明显,这就要求运动员对完成该动作用力大小的能量消耗有一个清晰的认识,用尽可能少的能量消耗完成各种强度负荷的练习,优秀的武术运动员能在保证对练动作质量不变的情况下最大限度地减少能量消耗。对练是双方和多方共同协调进行的演练,需要各方对动作应答的方向、部位、时间、距离、力量、速度和演练的情感达到高度的统一,形成稳定的"动力定型",只有配合默契,才能使对练表演逼真感人,具有真正的渲染效果。

(二)散打运动的心理分析

散打是武术对抗性项目之一,是双方在特定规则的约束下进行的徒手实战搏斗的一种运动形式,与假设性对练在动作上虽有联系,却在心理特点上存在本质的区别。

1.散打运动的反应特点和表现

散打的动作反应具有复杂性,对抗双方事先不清楚在实际中应做出何种动作,加上对垒本身技术、战术的巧妙多变均出现在一瞬间,因此散打的动作反应属于复杂反应。这种反应较之简单反应潜伏期要长,反应速度要慢。

教学过程的心理结构有预备期、中心期、结束期。由于预备期中的运动中枢兴奋状态不一,运动双方预备期的时间有所区别,利用这一特点先发制人往往会取得主动权。

双方在等待进攻信号或准备应答的间歇或者在相持时,主要通过视觉来观察、分析、判断对方的意图，对可能出现的进攻做必要的应答准备。一旦交手，感触和听觉也将投入反应活动中，因此散打刺激的信号是复合的，刺激的强度也因对方力度等的变化有强有弱，容易造成知觉反应上的错觉。

复杂反应的生理特点决定了应答动作的迟缓性，然而经过长时间系统的训练可缩短繁杂反应的潜伏期。可根据选择反应的不同阶段相互联系的特点，了解对手的技战术意图和特长，这样可以有针对性地通过训练强化某种攻防刺激的应答动作，使之形成动力定型，或者找出规律性（共性）的攻防精髓，使这些动作达到自动化程度，从而使复杂反应的潜伏期几乎接近简单反应的时间，争取对垒的胜利。

影响反应时间、速度的主要因素是视觉反应的速度、运动所处的状态、情绪的自控能力以及体能、技能、智能等。对有利战机的捕捉是多种能力综合作用的结果，反应的时间和速度在其中起着重要的作用。

2.散打运动员的精神状态

精神状态是攻防格斗中心理活动的外在表现，它通过眼神、外形动作反映出来。良好的精神状态，首先是心理上具有优势感，即凡与对手交锋，均要充满战胜对手的信心和勇气，要无所畏惧、勇往直前、敢打敢拼，这样大无畏的精神是每一位散打习练者首先应具备的心理品质。

俗语说"两军相遇勇者胜"，"勇"就是充实的精神状态，即胆略胆识，也被称为"士气"。精神的振作必然会带来行动上的主动、反应上的敏捷、方法上的多变、战略和战术上的合理性，最终战胜对手。

攻防格斗中的控制能力也是必要的心理品质之一。控制能力首先表现在情绪稳定：遇强手要镇静，气息要平稳，以腹式呼吸来稳定胸廓的起伏，面部表情要严肃、自然，这就是武术中提出的精神要求。遇对手切忌盲动，要能"烈"、能"平"。处处观察局势，用精神上的无形力量为技术的交锋作充分的准备。

激烈攻防中的"处若虚无"也很重要。要正确对待优势和劣势，对暂时性的胜利和失利要镇定，能做到"虚无自在"，悠然自得，从容对敌，以不变应万变，不计一招一式之得失，把实看成虚，使自己始终保持清醒的头脑和良好的竞技状态。

人体各部位的活动是紧密相关的。精神状态、心理作用是主宰气力发挥的先导，是与战术原则密切吻合的，从某种意义上说是一切战术和技术发挥的基础，其训练内容有面部表情的专门训练，有稳定内部情绪状态（包括紧张、恐惧）的自我控制练习，有激发情感的诱导练习……攻防格斗中的精神状态是一种既取决于技艺水平又超出技艺范畴的心理素质，既是无形的，又是有形的。

3.散打运动思维活动的特点和积极的增力情感

在瞬息万变的搏击中，要想掌握对抗的主动权，就得明确战术意图，并根据临战中的变化迅速实施正确的对策。这种思维的全过程时间极短，具有敏捷、灵活与速动的特点。

技击对抗能使运动员产生鲜明的情绪状态。剧烈紧张的抗衡本身（包括对抗练习和实战），必然会使运动员产生相应的情绪状态。习练者如果正确地估计了对方的实力，充满必胜的信心，会流露出鲜明的增力情感，表现出"运动狂热"的情绪体验；相反，如果夸大了对手的力量和技艺，就会因体力、技术、战术不适应实际情况而产生恐惧、拘束、信心缺乏等不良心理，产生消极、厌倦的减力情感。有时由于毫无根据的自信、错误的判断又会使积极情感转化为消极情感，造成对抗局面的被动。

总之，散打对抗中的情况是复杂的，影响运动员的情感状态变化的因素有很多，教练要对运动员个性特点作科学的心理诊断，并根据诊断结果进行调节。训练中要从培养意志品质入手，进行专门的引导，使运动员学会正确分析、判断对手实力的方法，养成研究对策的良好习惯，做好对抗前的心理准备，激发获胜的积极情感。对于实践中的突发事件引起的不良情绪，也要学会调节情绪，这样在危险的关头也会化险为夷、转危为安。

（三）太极推手的心理分析

推手是太极拳类的对抗练习，分对打套路和对抗比试两种，是不同于散打形式的又一独特的对抗项目。推手是两个人各自动用太极拳特有的掤、捋、按、采、挒、肘、靠的击法将对方击出圈外的练习运动，该运动主要通过感觉来判断劲道，因此肌肉运动感觉的能力起着很大作用。这种感觉能使运动员感受到对手动作的细小特点，感觉到肌肉力量消耗的程度和性质，并推测出对手的战术意图，了解对手所采用的技术动作的真、假、虚、实。因此，系统从事这项运动能大大促进肌肉的活动敏感性，达到"彼不动，己不动"的境界。

三、心理训练在武术运动中的运用

心理训练是现代科学化训练的重要组成部分之一，这已被理论界和训练界公认。

所谓心理训练，就是有意识地对运动员进行有针对性的心理调节，对运动员的心理过程和个性特征施加影响，以期达到培养最佳心理状态、完成训练和比赛任务的目标。心理训练的具体任务包括三个大的方面。

①培养本专项所需要的心理品质和心理能力。

②克服和排除各种不利于训练和比赛的心理障碍，创造和形成训练、比赛的适宜的心理状态。

③加速消除疲劳技能和运动技能的形成、发展。

根据比赛和训练的具体情况，心理训练分先期心理训练和直接心理训练；内容包括动机和信心、稳定性和增力情感、意志品质、专项认知能力、社会适宜能力、个性品质等方面；训练的方法有集中注意力训练、模拟训练、意动训练、反馈训练、心理自我调节训练和专项特有的心理训练方法等。心理训练要取得最佳的效果，需要做到：①教练员对心理训练持有态度积极；②方法要有针对性强，并能贯穿始终。

（一）武术专项的一般心理训练

1.积极性和实效性训练

积极性和实效性训练就是晓之以理、动之以情、付之以行的一种主动性训练，也可以说是内景的趋向性与外象的能动性相统一的一种训练，这种训练能充分发挥教练员和运动员的主观能动性，提高训练的质量。

人的心理与运动时学习和掌握各种技术的行动有着紧密的联系。如果教师不能把运动员的注意力有效地引向既定的目标，把教与练统一起来，激发运动员的上进心，就不可能使武术训练在质和量上达到最佳效果。

要使运动员成为训练的主动实践者，从心理上接受教练的训练手段和方法，在实践中可从以下几个方面着手。

（1）使运动员看到自己的训练效果

青少年都有迫切希望知道自己活动的成绩和效果的欲望和要求。教练员在训练中，如果能及时使学生知道练习的效果，就能及时巩固正确的动作，纠正错误的动作，创造良好的情绪状态，这与不知道结果、看不到效果相比，结果是大不一样的。

为什么知道效果会使训练工作取得较好的成效呢？从心理层面上来讲，知道自己的训练效果，特别是看到自己的进步，能起到振奋精神、活跃情绪的作用，这种良好的心理状态能鼓舞信心和勇气，产生增力的情绪体验，提高人们克服各种困难的工作能力，久而久之，能改进人们的生理机能，使其维持良好的情绪状态，取得掌握动作的主动权。

在武术训练中，一般采用以下方法达到使运动员明了效果、了解本人情况的目的。

①在各个训练阶段，根据运动员实际情况制定不同的指标和要求，定期测验对比。制定指标时要实事求是，符合运动员的水平和实际情况；不同的对象，指标要求要有所不同；在各个阶段要有所侧重，突出重点，同时要将各阶段的指标和要求联系起来，成为一个科学的体系。或者根据任务的不同在单动、小组合、套路中提出不同的要求和指标等。

②采用评议的方式，使运动员了解自己训练的效果和情况。评议可找有经验的武术教练评议或者互相观摩评议，检查主要任务完成的情况，了解效果，明确努力方向。

③用分析的方法和回忆对比的思维活动比较训练的情况和效果。在一个训练阶段结束时，可以适当根据情况总结分析本阶段训练的情况和收获，比较前后的差异，还可以采用思维训练的方法回忆比较、鉴别分析，有条件的还可以用文字记载下来，为下阶段训练提供方向。

④用电视摄影的方法在不同阶段留下主要内容的实况，定期对照比较，使运动员明确训练的成效和问题

总之，运动员在训练中能及时明了自己的训练效果，是使运动员的思维活动与训练任务紧紧相连的重要手段，从生理、心理等方面都有利于提高运动实效性。

（2）利用一切可能使运动员理解的训练手段

运动员了解训练内容的内在联系，就能借助再造想象，经过头脑中的加工整理，重视教练提示的技术要求，设想技术的本质，控制训练过程中的状态，这有助于能动地掌握动作，并且能吸取教练的经验，丰富自己的心理活动，创造性地发展前人的运动技能和动作。

①剖析教材和训练容的内在联系。例如，为提高旋风脚的质量安排了里合腿、横叉及旋风脚等完整练习，这些动作是有机联系、不可分割的。只有讲清道理，说明这些内容的内在关系，运动员才会百练不烦。

②理解教法步骤和要求的合理性。例如，在武术训练中纠正动作，一般教法过程是先求动作路线的正确性，再完善姿势，继而研究精神、节奏，求得劲力的充实，最后以小组合和套路训练进行全面检验，一环套一环，环环紧相连；每一动作的规格训练过程虽不尽相同，但先分解再完整、先定步再活步、先单动再组合的规律是不可跨越的。

③溯源技术的原理性。例如，弓冲拳的技术要领是"蹬腿、拧腰、顺肩、抖臂"，这种要求是以实效性为基础的，即符合力学的顺动、解剖特点和攻防要求。

总之，理解原理和方法不仅能扩大运动员的知识领域，启发其求知欲，激发其训练的自觉性，而且能使运动员集中注意力，养成精确估量和分析问题的习惯，为有意识地控制运动情绪和养成良好的机能状态创造条件。

2.创设情绪体验的情境，造成竞争的局面

要把已形成的潜在训练需要充分调动起来，在训练中创设情绪体验的情境，活跃运动员的训练情绪，激发训练的积极性。

在武术训练中，情绪状态的创设与各项目基本相同，诸如训练内容、方法、手段的不断更新和变化，训练环境的改变，改换训练项目、测验比赛，了解学习情况等都可以提高学生的学习兴趣，使其尽全力完成训练任务。

造成竞争的局面，首先要把社会和教育向学生提出的要求变成他们内在的需要，使其产生正确的学习动机，然后在此基础上创造良好的竞争环境和气氛。从全局来讲，要使全队树立比、学、赶、帮的观念，使其形成力争上游的志气、勇气，并使这种志气和勇气始终贯穿在整个训练过程中。

（二）武术运动员赛中心理状态的控制与调节

在武术比赛中，运动员的情绪状态是最敏感的部分，它对比赛具有重要影响，因此控制和调节比赛时的心理状态成为武术理论研究和实践探索的重要课题。

现代心理学研究发现，武术运动员在比赛中经常出现的情绪状态有四种：过分激动状态、冷漠状态、盲目自信状态和良好的准备状态。调节和控制主要是针对前三种而言的，而过分激动状态最为突出，调节的常用方法有以下几种。

1.自我暗示放松法

自我暗示放松法又叫肌肉放松法，包括面部肌肉和骨骼肌肉紧张度的放松。其机理是通过"套语"自我暗示，使植物性神经系统机能得到改善，进而促进肌肉的放松。这种方法可采取立姿、坐姿或卧式，进行时先调节呼吸，再引导意识集中到要放松的肌肉各部，然后按照一定的公式语言进行自我放松暗示，使自我语言、呼吸、身体三位一体，用语词做导向，完成引静入神及松体的目的。这种方法多在赛前采用，对改变赛前的紧张心理和机能的亢进状态具有重要作用。

2."取代"和"转移"法

运动员采用镇静放松的姿势，闭上眼睛，使自己最大限度地、准确地在头脑中回忆曾经出现过的有利情况或者喜爱的客体（如小说、电影等），使意识的指向性脱离比赛的环境，而去憧憬那些愉快和美好的东西。也可采用自我说服的办法，用强制和命令自己的提示来约束自己。

3.专门练习法

即做专门的准备活动，高强度而有节制地冲击体力，对缓和及控制亢进状态有好处。

4.调节呼吸法

人们在感到紧张时，会增加动作的频率，有时甚至手舞足蹈，这时可采取专门的呼吸方法进行调整，即有意识地一呼一吸，先深快后细缓，进而有节奏地呼吸，最后立姿进行调息，以改变情绪状态。

运动员赛中良好的心理状态是教练员长期培养和运动员自我调整的结果，需要作精心的科学组织和安排。

参 考 文 献

[1] 常德庆，姜书慧，张磊.高校体育教学与运动训练研究[M].长春：吉林出版集团股份有限公司，2020.

[2] 陈连华.现代高校体育教学及其模式创新[M].西安：陕西旅游出版社，2020.

[3] 陈轩昂.新时期高校体育教学的改革与发展[M].北京：航空工业出版社，2017.

[4] 谷茂恒，姜武成.高校体育教学评价体系的构建[M].北京：航空工业出版社，2017.

[5] 李海英.新时代高校体育教学的多维研究与运动教育模式探索[M].北京：人民体育出版社，2020.

[6] 李薛，韩剑云，孙静.现代教育技术革新下高校体育教学研究[M].北京：中国纺织出版社，2019.

[7] 刘景堂.高校体育教学改革研究[M].北京：中国纺织出版社，2020.

[8] 刘明，张可，刘洋.普通高校体育教学发展与改革探究[M].北京：中国纺织出版社，2018.

[9] 刘武军.高校体育教学研究[M].北京：现代出版社，2018.

[10] 马鹏涛.高校体育教学改革创新与科学化训练研究[M].北京：新华出版社，2018.

[11] 牛志宁.高校体育教学与体育社团文化建设[M].北京：北京工业大学出版社，2018.

[12] 欧枝华.新时期高校体育教学及其课程体系改革研究[M].北京：中国纺织

出版社，2020.

[13] 孙静.高校体育教学与训练研究[M].北京：现代出版社，2020.

[14] 夏越.现代高校体育教学研究[M].北京：北京理工大学出版社，2019.

[15] 杨乃彤，王毅.高校体育教学创新及运动教育模式应用研究[M].北京：九州出版社，2019.

[16] 余红盈.高校体育教学策略创新思考[M].长春：东北师范大学出版社，2018.

[17] 张京杭.高校体育教学方法实践探索[M].北京：现代出版社，2019.

[18] 张丽蓉，董柔，童舟.人文精神视阈下高校体育教学模式的理论构建[M].北京：中国纺织出版社，2019.

[19] 郑立业.高校体育教学理论探究与实践[M].北京：中国原子能出版社，2020.

[20] 郑艳芳.现代高校体育教学转型与发展[M].北京：北京日报出版社，2018.

[21] 周春娟.高校体育教学的影响因素分析与改革探索[M].青岛：中国海洋大学出版社，2018.